中国对外直接投资与全球投资战略选择

韩永辉　著

科学出版社
北京

内 容 简 介

改革开放以来，中国对外直接投资在不断摸索前进中面临新机遇和新挑战，"走出去"战略和"一带一路"倡议正是中国对外直接投资在新形势下探索出的新路径。面对世界经济复杂局面，中国不断加大对外开放水平，在开放合作中实现高质量发展。在此背景下，本书通过梳理中国对外直接投资的发展历程和现状，总结和探讨对外投资政策对跨境投资活动的影响机制、对中国企业海外投资的效应及对海外投资活动带来的影响，并通过对投资数据的定量分析，提出中国参与全球投资战略的路径和策略建议。

本书适合对国际投资、国际贸易感兴趣的广大读者阅读。

图书在版编目（CIP）数据

中国对外直接投资与全球投资战略选择/韩永辉著. —北京：科学出版社，2021.1

ISBN 978-7-03-065927-9

Ⅰ. ①中… Ⅱ. ①韩… Ⅲ. ①对外投资-直接投资-研究-中国 Ⅳ. ①F832.6

中国版本图书馆 CIP 数据核字（2020）第 159384 号

责任编辑：刘英红 / 责任校对：贾娜娜

责任印制：张 伟 / 封面设计：华路天然工作室

科 学 出 版 社 出版

北京东黄城根北街 16 号

邮政编码：100717

http://www.sciencep.com

北京厚诚则铭印刷科技有限公司 印刷

科学出版社发行 各地新华书店经销

*

2021 年 1 月第 一 版 开本：720 × 1000 B5

2021 年 11 月第二次印刷 印张：10 1/4

字数：204 000

定价：98.00 元

（如有印装质量问题，我社负责调换）

序　一

改革开放 40 多年来，中国对外直接投资作为重要的“走出去”战略措施之一，经历了由小到大、由弱到强、由区域到全球的发展历程，为国内经济转型升级、创新发展和消费升级需求提供了重要的支撑。2018 年是中国对外直接投资发展历程上具有标志性的一年，中国对外直接投资流量和存量稳居全球前三，占比皆创新高。其中，对外直接投资 1430.4 亿美元，成为第二大对外投资国，仅次于日本，同年对外直接投资存量达 1.98 万亿美元，是 2002 年末存量的 66.3 倍，在全球分国家地区的对外直接投资存量排名由第 25 位升至第 3 位，仅次于美国和荷兰。诚然，中国对外直接投资的快速发展离不开国内外形势、机遇和政策的支持。然而，着眼于当下，随着新冠肺炎疫情的爆发，国外和国内两个市场、两种资源都在发生剧烈变化，一方面是国外发展不确定性因素持续增加，如全球经济增速持续放缓、国外投资监管趋紧等，另一方面是国内产业转型升级需求和加快构建内外“双循环”，要求对外直接投资稳健发展并与新形势相适应。如何在经济发展新常态下做好推动对外直接投资的工作，对中国参与全球投资治理及中国行稳致远具有重要作用。

该书从整体上来看，为广大读者介绍了系统且全面的中国对外直接投资历程和经验。该书作者瞄准中国对外直接投资研究领域，以中国对外直接投资为切入点，通过梳理和分析中国对外直接投资的背景及现状，厘清中国对外直接投资面临的堵点和难点，深入研究中国对外直接投资的影响机制，为中国参与全球投资战略提供战略发展建议。该书研究基础扎实，如在对中国对外直接投资政策制度变迁进行分析时，收集梳理了 1979—2018 年中国鼓励和引导企业对外直接投资所出台的大量政策，系统研究了中国对外直接投资政策的历史变迁及发展态势，不仅为该书研究打下坚实的基础，也为广大读者提供了独特的研究视角。此外，该书采用大量的案例分析，通过对多宗中国对外直接投资的经典案例进行深入挖掘，剖析案例所积累的成功经验和失败教训，为当下复杂形势下的对外直接投资策略选择提供借鉴。

对外直接投资的稳健发展不仅关系到国家对外开放战略的实施，还与中国企业等市场主体发展息息相关。2020 年中国政府工作报告明确指出：“面对外部环境变化，要坚定不移扩大对外开放，稳定产业链供应链，以开放促改革促发展。”如何乘借国家深化改革和扩大开放的东风，抓住“一带一路”建设机遇及“双循环”新发展格局构建的契机，鼓励中国企业“走出去”，用好对外直接投资的正面作用，凝聚共识和力量，为高质量发展赋能，无疑是今后一段时期持续关注的热点议题。

邹建华教授
中山大学岭南学院教授
中国世界经济学会常务理事
中国日本经济学会常务理事
广东国际经济学会常务副会长
国务院特殊津贴专家

序　二

对外直接投资对于中国经济发展具有重要意义，探究中国对外直接投资已成为学术界研究中国经济应关注的重要领域。中国改革开放的40多年，也是中国对外直接投资从起步阶段向高速发展阶段变迁的过程，在这个过程中，中国对外直接投资平稳健康发展，为经济发展提供了良好动能。党的十八大以来，国际形势日趋复杂多变，党中央做出了中国经济进入新常态的重大战略判断，阐明了中国必须实现速度换挡、结构优化、动力转换，坚持底线思维、稳中求进、稳中有为，立足提高质量和效益、推动经济持续健康发展等一系列重要思想，中国对外直接投资如何在新形势下继续发挥积极带动作用，显然值得深究。

该书作为一本研究中国对外直接投资的专著，在结合中国经济转型背景的基础上通过对中国对外直接投资的历史及现状、中国对外直接投资政策变迁分析、国际投资制度演变及其他国家对外投资政策制定分析，剖析中国对外直接投资在“一带一路”倡议等推进下面临的机遇和挑战，进而通过实证方法分析中国对外直接投资政策的成效及发展态势，并就如何提高中国对外直接投资高质量发展提供战略性思考观点，读来发人深思。

该书具有许多出彩之处，值得读者参考借鉴。

第一，采用定性和定量相结合的方法，剖析中国对外直接投资政策的历史演变历程及成效。在系统而丰富的案例分析基础上，该书以中国的视角研究政策影响，基于母国视角，搭建中国数据实证模型，采用Pool-OLS模型、固定效应模型和随机效应模型等进行回归分析，测度对外投资政策与对外直接投资之间的内在联系和联动效应，验证对外投资政策对对外直接投资是否存在促进作用。这在一定程度上与定性分析相互补充，为读者提供更全面的分析角度，以便更好地理解中国对外直接投资政策的发展现状。

第二，瞄准自然资源产业、传统制造业、新兴制造业和新兴服务业，分产业领域研判中国对外直接投资的趋势和政策选择，把脉重点产业领域的发展态势及该领域对外直接投资的战略趋势，剖析所面临的机遇和挑战，为相关领域的专家和读者提供更具针对性的参考，激发更多的思考和讨论。

在不断变化的国内外环境下，中国对外直接投资研究始终具有其独特魅力，当前中国正实施新一轮高水平对外开放，中国对外直接投资的未来会如何发展，又应该如何发力，值得阅后再三思索。

韩永辉博士是国内世界经济领域内较为活跃的青年学者，在各类权威期刊上发表了大量论文。近年在全球经济治理领域内的合作与交流时与永辉相熟，深刻感受到他对学术的热情和术业精进的严格要求。在此受约为其新著《中国对外直接投资与全球投资战略选择》撰写序言，实属外行评价内行，仍然触动于永辉文笔之间的严谨与扎实之态度。诚挚期待他在今后有越来越精彩的学术产出。

任　琳

中国社会科学院世界经济与政治研究所全球治理研究室主任

序　三

中国对外直接投资发展的历程是从试水到自觉参与的一个渐进式过程，在这一过程中，面临诸如苏联解体、东欧剧变、亚洲金融危机、国际金融危机等复杂多变的外部环境，厘清中国如何在面临挑战中找到应对之策，又如何把握机遇顺势发展，不只是研究中国过往40多年对外直接投资和全球投资战略变迁的有效途径，更是为广大发展中国家如何有效运用对外直接投资工具组合来提升自身经济发展实力，提供了宝贵的经验借鉴。

近年来，经济全球化发展和“逆全球化”思潮相互角力，这一矛盾对全球经济治理发展提出了更高的要求，也逐渐成为促进全球经贸格局深刻变化的助推力。当下，对外直接投资主体呈现多元化趋势，全球投资议题和挑战持续增加，新一轮技术革命和全球价值链深入发展正重塑全球投资理念和规则制定需求，新兴经济体和发展中国家的投资合作平台成为全球投资布局日益重要的一环，给中国对外直接投资与全球投资战略选择带来更多的可能性和发展空间。

然而，2020年新冠肺炎疫情作为全球公共卫生危机，对全球生产和需求造成全面冲击，无疑将进一步加速全球投资格局的演变，并对全球化、宏观政策、可持续发展等方面带来发展趋势的转变，影响着从上至国家层面到下至跨国公司和个体层面等多层面主体对外直接投资的战略选择与回报预期。2020年6月16日，联合国贸易和发展会议在所发布的《2020年世界投资报告》中指出，预计全球2020年外国直接投资流量将在2019年1.54万亿美元基础上减少40%，其中，发展中国家外国直接投资遭受最严重打击，预计其外国直接投资在2022年之前无法实现复苏。如何在危机中育新机、于变局中开新局无疑是中国在不断深化全方位对外开放和追求高质量发展中急需破解的命题。简单回顾商务部最新发布的数据，2020年上半年，中国境内投资者共对全球159个国家和地区进行了非金融类直接投资，投资总额3621.4亿元（折合515亿美元），同比下降0.7%，但是对“一带一路”沿线国家投资增长较快，对“一带一路”沿线国家和地区非金融类直接投资81.2亿美元，同比增长达19.4%，其中对东盟国家投资62.3亿美元，同比增长高达53.1%。这反映出中国对外直接投资和全球投资战略选择布局具备前瞻性和韧性，在疫情冲击下仍能够稳住基本面，对于中国“十四五”甚至是下一个40年的发展奠定了坚实的基础。

随着国际经济和贸易投资格局的变化，全球投资环境充满着不确定性因素，通过回顾和系统分析中国自 1978 年实施改革开放以来的对外直接投资战略选择和经验，可为广大读者研究中国未来的全球投资战略该往何处去提供丰富而有益的思考，并在思维碰撞中迸发更多理性讨论的火花，相信这也是作者试图通过出版该书所做出的又一贡献。

李江涛
广东技术师范大学管理学院院长、教授

前　　言

1978年实施改革开放以来，中国对外开放水平不断提高。在政策上经历了从改革开放、“走出去”战略再到“一带一路”倡议的进程。随着“走出去”步伐的加快，对外直接投资领域的扩大，中国对外直接投资也迎来了新机遇。在全球经济转型速度加快和投资门槛降低的背景下，中国需要积极应对外部经济带来的机遇和挑战，也需要更理性和精准地参与对外投资活动。实施对外直接投资是参与全球投资战略的重要组成部分之一，也是中国建设新型大国关系的重要举措。

改革开放40多年来，中国对外经贸取得了巨大的发展成就，从以往的“外资流入国”逐渐转变为拥有“外资流入国”和“对外投资国”双重身份。在当前“一带一路”倡议持续深入发展的背景下，中国企业“走出去”迎来了更大的机遇。

诚然，对外直接投资对母国和东道国的经济发展都具有良好的促进作用。对于母国来说，对外投资可以使外汇利用更高效，有助于促进国内产业结构转型升级。“一带一路”倡议的提出，加强了中国与沿线国家之间的政治、经济和文化往来，也为中国企业“走出去”搭建了平台。对于东道国来说，有效的对外投资，有助于东道国发展经济，改善民生，提高劳动就业率，整体提升人民的生活水平。

本书共分为九章，从宏观政策和战略选择角度分析与总结了中国对外直接投资的情况，并就投资政策对中国对外直接投资的影响效应进行了实证分析，研究提出中国推动对外直接高质量发展和参与全球投资战略的思路与政策路径。第一章主要阐述在当前中国经济转型的背景下对外直接投资的新常态和新机遇。第二章主要介绍中国对外直接投资的历史和现状，并详细介绍了主要国家和地区的投资现状，进而分析总结中国企业海外投资的成效。第三章概括中国对外直接投资的政策发展和变迁，剖析“一带一路”背景下中国企业“走出去”政策的新特征。第四章首先介绍国际投资的制度变迁，并总结其他国家对外投资政策制定的成功经验，为中国制定对外直接投资政策提供参考。第五章探讨中国参与全球投资战略的有效路径，分析中国对外直接投资存在的问题与面临的风险，阐述中国对外投资政策存在的问题。第六章基于中国对外直接投资及政策的数据，通过实证方法检验政策对对外直接投资的影响效应。第七章针对中国部分产业，总结其对外直接投资的发展态势和趋势，并分析其所面临的机遇和挑战。第八章基于前面的研究，提出推动中国对外直接投资高质量发展的战略思想和政策路径。第九章总结本书内容，并提出了展望。

本书由广东外语外贸大学广东国际战略研究院韩永辉主持撰写，具体分工为第一章由广东外语外贸大学欧阳帅撰写，第二章由广东南方职业学院苏凤敏、广东外语外贸大学李嘉杰撰写，第三章由广东外语外贸大学麦炜坤撰写，第四章由广东外语外贸大学周子启、何镓勋撰写，第五章由广东外语外贸大学何逸凡撰写，第六章由广东外语外贸大学李镇涌、邓浪玥撰写，第七章由广东外语外贸大学黄金钏、李昭颖撰写，第八章由广东外语外贸大学张帆撰写，第九章由广东南方职业学院苏凤敏撰写。同时，广东机电职业技术学院曾敏和广东金融学院李子文对各章节进行了修改调整，最后由韩永辉统领修订全书。

本书特别感谢广东省自然科学基金项目（2017A030313422）、国家自然科学基金资助项目（71873041；71603060；71673064）、广东外语外贸大学科研创新团队项目“一带一路”与全球经济治理产业战略研究（TD1801）、2019年度全国统计科学研究项目（2019LY88）、广东省软科学研究计划项目（2019A101002100）、广州市哲学社会科学发展“十三五”规划课题（2019GZZK07）、广东省教育厅创新团队项目（2017WCXTD003）的资助。

本书撰写过程中，我们参考了国内外相关研究文献，以及商务部、国家统计局最新资料，在此一并表示感谢。本书逻辑架构清晰、研究方法丰富、研究内容全面，具有较高的启发性。但受笔者理论基础、实务经验及研究水平所限，本书难免存在着诸多不足，如全球投资战略理论、中国对外直接投资政策分析等方面尚显浅薄，囿于篇幅所限，未能尽善尽美，望业界前辈、同人及读者批评指正。

目　录

第一章 绪　论

改革开放40多年来，中国对外直接投资实现了大规模的增长。“走出去”战略、“一带一路”倡议的提出，给中国产业结构调整和产业升级及提升中国制造业在全球价值链分工位势带来了新的契机。中国的经济发展离不开世界经济，中国经济的每一次“飞跃”都是以更深层次的开放为前提的。对外直接投资既能带来新的经济增长动力，也能促进产业结构的转型升级。在经济全球化背景下，中国以何种姿态进行对外直接投资，是一项值得我们研究的重要课题，同时对提升中国对外开放水平具有重大意义。

第一节　中国对外直接投资进入新常态

中国对外直接投资虽然起步比其他国家晚，但发展速度迅速。随着中国经济发展由高速增长转向中速增长，中国对外直接投资也进入新常态，现阶段总体发展平稳，稳中向好，在投资规模与增速、投资主体、投资行业与国别等方面呈现出一些新的特点。

一、对外直接投资保持健康稳定发展

随着对外直接投资在全球范围的不断扩大，中国对外直接投资无论是投资规模还是投资主体都有着良好的发展空间，且保持着有序健康的发展。中国对外直接投资规模增长速度由高速转向中高速，总体上朝着合理有序健康的方向发展。在前期政策和投资需求的共同推动下，中国对外投资流量和存量规模屡创新高。其中，在2018年，中国在对外直接投资流量上达到1430.4亿美元，全球排名略低于日本，占全球份额的14.1%，达到历史最高值。中国经济经过40多年的发展，早已深深融入全球经济体系，进一步提高对外开放水平是推进中国高质量经济发展的重要路径。2017年12月举行的中央经济工作会议强调，创新对外投资方式，以投资带动贸易发展、产业发展①。这意味着新时代中国对外直接投资将继续发挥突出作用，在推动全面开放、提升经济质量等方面做出新贡献。

① 资料来源：《中央经济工作会议在北京举行　习近平李克强作重要讲话》，2017年12月20日，http://www.xinhuanet.com/fortune/2017-12/20/c_1122142392.html[2020-08-08]。

二、对外直接投资主体以民营企业为主

中国“走出去”主体结构持续优化，民营企业成为经济发展的主力军。中国现阶段对外直接投资主体结构呈现出由国有企业、有限责任公司、私营企业、外商投资企业和集体企业共同开拓国际市场的特点。由表 1-1 可知，在 2008—2018 年中国对外直接投资者中，有限责任公司数量的占比都稳居第一位，是中国对外直接投资占比最大、最为活跃的群体。私营企业则紧随其后，2018 年的占比为 24.3%，近年来总体呈上升态势，2013 年以后稳居第二位。对外直接投资的国有企业数量占比呈现出不断下降的趋势，2008 年国有企业数量的占比高达 16.1%，这一数据到了 2018 年下降至 4.9%，这与国有经济在国内经济中占比不断下降的趋势基本一致，出现这种趋势的原因可能在于国有企业的改革促使国有企业将更多的精力放在了改革层面上，也进一步说明目前有限责任公司成了对外直接投资的主要力量。虽然股份合作公司、集体企业所占比例均呈现出下降的态势，但下降的幅度都非常小。相较而言，股份有限公司、外商投资企业占比则小幅上升。

表 1-1 2008—2018 年中国对外直接投资者按登记注册类型构成

注册类型	2008 年	2009 年	2010 年	2011 年	2012 年	2013 年	2014 年	2015 年	2016 年	2017 年	2018 年
国有企业	16.1%	13.4%	10.2%	11.1%	9.1%	8.0%	6.7%	5.8%	5.2%	5.6%	4.9%
有限责任公司	50.2%	57.7%	57.1%	60.4%	62.5%	66.1%	67.2%	67.4%	43.2%	41.4%	43.5%
股份有限公司	8.8%	7.2%	7.0%	7.7%	7.4%	7.1%	6.7%	7.7%	10.1%	10.9%	11.1%
股份合作公司	6.5%	4.9%	4.6%	4.0%	3.4%	3.1%	2.5%	2.3%	2.0%	1.8%	1.6%
私营企业	9.4%	7.5%	8.2%	8.3%	8.3%	8.4%	8.2%	9.3%	26.2%	25.7%	24.3%
集体企业	1.5%	1.2%	1.1%	1.0%	0.8%	0.9%	0.5%	0.4%	0.5%	0.4%	0.4%
外商投资企业	3.5%	3.1%	3.2%	3.6%	3.4%	3.0%	2.6%	2.8%	4.8%	5.0%	5.0%
其他	2.2%	3.2%	6.6%	0.7%	1.3%	1.0%	2.9%	2.4%	2.4%	3.3%	2.9%

资料来源：根据 2008—2018 年度《中国对外直接投资统计公报》整理而得

三、对外投资标的以高端产业链为主

为加快现代化经济体系建设、促进中国经济高质量发展，中国对外投资主要集中在高端产业链。以制造业为例，2018 年中国对外投资主体倾向于装备制造业领域，流向装备制造业的投资达 114 亿美元，占当年制造业投资总额的 9.7%。以全球领先的通信设备商华为、中兴为例，两者旗下的电信网络设备、IT 设备和解

决方案及智能终端已应用于全球 170 多个国家和地区。其中，2006 年以来，华为已收购了全球多家以芯片、数据安全、数据通信及网络安全为主要研究领域的高端产业链供应商，并成为全球最大的电信设备商之一。总体而言，中国企业投资高附加值、高科技行业的比重不断增加，同时，以 BAT（Baidu，Alibaba，Tencent，即百度、阿里巴巴、腾讯）为代表的互联网企业正逐渐成为海外投资的重要主体。通过对标高科技产业，中国将进一步掌握核心技术，提升产业价值链，增加其在国际市场中的话语权。从 2018 年海外并购的情况来看，制造业、TMT（Technology，Media，Telecom，即科技、媒体和通信）等依然是企业主要的投资领域，其中能源/新能源/矿产的投资金额占比最高，占当年并购金额的 16.26%，而 TMT 无论是在并购宗数还是投资金额上都稳居第二位，说明中国企业十分关注该领域的发展（表 1-2）。

表 1-2 2018 年中国海外并购分行业统计

行业	宗数占比	金额占比
制造业	15.85%	8.55%
TMT	15.65%	15.00%
医疗/健康	10.98%	10.31%
消费品	8.94%	7.91%
文化/教育/娱乐/休闲	4.67%	5.49%
农业/食品	5.28%	2.64%
能源/新能源/矿产	9.96%	16.26%
金融	8.54%	6.69%
基建/公用事业	5.28%	4.72%
服务业	3.66%	5.07%
不动产	4.67%	4.58%

资料来源：《2018 中资海外投资并购盘点》，2019 年 1 月 2 日，http://www.morningwhistle.com/info/48625.html[2020-08-09]

四、对外直接投资行业多元化、国别多样化

随着对外直接投资增速的加快，中国对外直接投资活动呈现出行业逐渐多元化、投资国别多样化的特点。

第一，中国对外直接投资行业覆盖面广。目前，中国对外投资领域已涵盖国民经济 18 个行业大类。除较为集中的制造业、租赁和商务服务业等传统行业以外，近年来中国加大了对先进制造业、智能装备、医疗、信息传输/软件和信息技术服务业等领域的投资力度，投资的行业日益多元化。

第二，中国对外直接投资国别持续增多。截至2018年末，中国有超2.7万家境内投资者在全球188个国家（地区）设立对外直接投资企业共4.3万家，全球80%以上国家（地区）都有中国投资（商务部等，2019）。

第二节　中国对外直接投资面临的新机遇

当前，中国正进一步实施对外开放战略，积极融入世界经济发展潮流，参与经济全球化活动，以扩大国际影响力。全面开放新格局的逐渐形成、“一带一路”建设的纵深推进、向制度型开放转变的不断加速，为中国对外直接投资的发展提供了新机遇。

一、全面开放新格局正在加快形成

目前，中国已进入经济发展新常态，且正处于转向高质量发展的关键期。然而，中国企业却面临着复杂的国内外市场环境和严峻的风险挑战。党的十九大报告指出：“要以‘一带一路’建设为重点，坚持引进来和走出去并重，遵循共商共建共享原则，加强创新能力开放合作，形成陆海内外联动、东西双向互济的开放格局。”[①]随着开放程度的不断加深，开放方式也日益多样，从支持深圳建设中国特色社会主义先行示范区到自贸区建设数量的增多，再到推动粤港澳成为全面开放的新支点，都表明全面开放新格局正在加快形成，为推动中国对外直接投资的高质量发展创造良好的环境。

（一）支持深圳建设中国特色社会主义先行示范区

深圳作为中国政治体制和经济模式的改革先锋，是中国特色社会主义先行示范区。改革开放40多年来，深圳紧紧抓住经济特区建设的政策优势，已发展成为中国最具创新力的城市之一，为国家对外开放做出了重要贡献。当前，中国特色社会主义进入新时代，赋予了深圳新使命、新要求。2019年8月9日，《中共中央　国务院关于支持深圳建设中国特色社会主义先行示范区的意见》正式出台，提出支持深圳高举新时代改革开放旗帜、建设中国特色社会主义先行示范区。该意见的发布体现了党中央对广东深圳社会经济发展工作的高度重视和大力支持，也意味着深圳的改革发展从此进入了新的历史阶段。值得注意的是，该意见明确把“高质量发展高地”作为深圳建设中国特色社会主义先行示范区的核心战略定位，期望深圳在深化供给侧结构性改革、实施创新驱动发展战略、建设现代化经

① 资料来源：《权威发布：十九大报告全文》，2018年3月13日，http://sh.people.com.cn/n2/2018/0313/c134768-31338145.html[2020-07-12]。

济体系，以及在构建高质量发展的体制机制上走在全国前列。可见，区别于以往的“经济特区”使命，建设中国特色社会主义先行示范区对深圳提出了更高的要求，需充分融入中国特色社会主义宏大框架，拓展改革的广度与深度，探索全面建设社会主义现代化强国新路径，形成可复制、可推广的模式，为实现中华民族伟大复兴中国梦提供有力支撑。

在新时代背景下支持深圳高举新时代改革开放旗帜、建设中国特色社会主义先行示范区，有利于在更高起点、更高层次、更高目标上推进改革开放，对标国际最高、最好、最优的规则和标准，打造法治化营商环境，推动经济体系朝开放型经济转型，加快形成全面深化改革、全面扩大开放新格局，为中国企业“走出去”提供良好支撑。

（二）自由贸易试验区逐步形成全面开放格局

自由贸易试验区不但是中国对外开放的排头兵，也是实现全面开放的前沿阵地。从 2013 年首个自贸试验区挂牌到 2019 年新设 6 个自由贸易试验区，总数已累计达 18 个[①]，6 年来累计向全国复制推广了 171 项改革试点经验，逐步形成从南到北、从沿海到内陆的全面开放布局，有效发挥着全面深化改革试验田的作用。在改革开放向纵深推进的新形势下，党中央指出要立足改革开放大局和高质量发展要求，对标高标准国际经贸规则，紧抓制度创新，支持自由贸易试验区在自主开放、不断开放、加大开放力度上迈出新步伐，探索更多可复制、可推广的经验。例如，在外资准入方面，上海自由贸易试验区率先使用以负面清单管理为核心的投资管理体制，优化了营商环境，吸引了一大批外商企业入驻；在商事登记制度方面，上海自由贸易试验区先后推出实施了先照后证、注册资本认缴制、多证合一等准入环节全流程的创新改革举措。自由贸易试验区建设不断推进和完善，以创新带动所在城市及周边地区的对外开放与发展，为促进中国与周边国家进一步密切在经济和贸易上的合作建立了更广阔的平台。自由贸易试验区的建设是中国体制创新的新试点，是中国迈向高质量发展的重要支撑。自由贸易试验区可复制、可借鉴经验的推广，将有利于建立开放新机制，加快形成全面开放新格局，营造共建共享共赢新局面，为开放型经济高质量发展培育新动能，从而有效应对全球经济环境的新变化。

（三）粤港澳大湾区成为推动全面开放的新支点

建设粤港澳大湾区，是“一带一路”建设的新支点，也是打造全面开放新格

① 资料来源：《图表：再添 6 个！18 个自贸试验区构筑开放新版图》，2019 年 8 月 26 日，http://www.gov.cn/xinwen/2019-08/26/content_5424774.htm[2020-08-09]。

局的重要保证。一方面，粤港澳大湾区是响应“一带一路”建设的重要支点。粤港澳大湾区的设立不但能加速区域内生产要素的有效流动，也能加快地区间经济和产业的融合。《粤港澳大湾区发展规划纲要》明确提出：“更好发挥港澳在国家对外开放中的功能和作用，提高珠三角九市开放型经济发展水平，促进国际国内两个市场、两种资源有效对接，在更高层次参与国际经济合作和竞争，建设具有重要影响力的国际交通物流枢纽和国际文化交往中心。”因此，粤港澳大湾区的建设将是中国形成全面开放新格局的重要支点，旨在建造开放范围大、经济效益高、竞争优势强、生活质量好的城市融合区域。港澳两地携手珠三角九市深度参与“一带一路”建设，共同带动区域内更高层次的国际经济合作。将粤港澳大湾区构筑为“一带一路”建设的重要支撑区，有利于形成以点带面的改革试验田。另一方面，粤港澳大湾区是实施开放型经济高质量发展的重要试点。粤港澳大湾区建设的意义在于发挥“9+2”区位优势，挖掘地区经济增长极，加快资源要素有效流动，打造强国富民、安居乐业的新典范。粤港澳大湾区搭建了中国与“一带一路”沿线国家和地区深入合作及交流的平台，能有效促进资源互联互通，提高投资自由化、便利化的水平，推动中国对外直接投资高质量发展。

二、“一带一路”建设向纵深推进

“一带一路”是指“丝绸之路经济带”和“21世纪海上丝绸之路”。2013年，习近平同志分别提出建设“丝绸之路经济带”和“21世纪海上丝绸之路”的重要倡议，描绘了一幅共同发展的壮美蓝图。在新形势下，中国希望通过建立新型的国家合作关系来促进相互经济发展和改善民生，“一带一路”正是在这样的背景下提出的。“一带一路”倡议提出以来，互联互通互建不断走深走实。“一带一路”倡议是中国走向深层次开放的重要措施，也是保证中国对外直接投资持续发展的基石。

（一）“一带一路”建设为企业对外投资提供互信环境

“一带一路”倡议的提出旨在建立更和平、更稳定和更开放的合作关系，加快构建人类命运共同体，增强政治互信，打造新型国家关系。“一带一路”不是一个新的机制，而是致力于合作发展的理念和倡议，将依靠现有的双多边机制，陆续推出基础设施、交通的互联互通及贸易投资的便利化等措施。“一带一路”倡议的提出显示出了中国在和平崛起的过程中不会损害他国利益，通过强化与“一带一路”沿线国家的双多边合作，建立更加平等均衡的新型全球发展伙伴关系，实现互利共赢，打造人类命运共同体，夯实全球经济持续稳定发展的基础。如今，“一带一路”已成为重要的国际合作平台，截至2018年9月，中国已与130

多个国家和国际组织签署了合作协议[①]。同时，友好双边政治关系能有效促进企业对外投资规模、多元化程度和投资成功率的提高（张建红和姜建刚，2012；杨连星等，2016），中国与“一带一路”沿线国家日渐频繁的双边高层会晤也对中国对外直接投资具有显著的积极作用（郭烨和许陈生，2016）。在国际政治、经济环境日益复杂的背景下，“一带一路”倡议的提出和不断推进，为构建人类命运共同体注入源源动力，有力地加强了沿线各国的政治互信，降低了中国企业在沿线国家的投资风险（孙焱林和覃飞，2018），为中国企业对外直接投资创造了良好的环境。

（二）“一带一路”建设为国内企业提供投资机遇

“一带一路”倡议给国内企业带来了大量的投资机遇。在国内多个产业出现产能过剩和低成本优势减弱、国际贸易保护主义抬头的背景下，中国需要寻找新的经济增长点，以便转移或者输出产能，规避贸易壁垒，开拓新兴市场，继续保持经济的增长。因此，“一带一路”沿线国家将成为中国重要的贸易与合作伙伴。近年来，中国对“一带一路”沿线国家直接投资稳步增长，中国与沿线国家在基础设施建设、能源资源开发、农业、制造业、进出口贸易等领域开展广泛合作。2017 年，中国对“一带一路”沿线国家和地区的直接投资规模达到 201.7 亿美元，较 2016 年增长 31.5%，占同期中国对外直接投资流量的 12.7%；2018 年，中国对沿线 63 个国家和地区直接投资 178.9 亿美元，其中流向制造、批发和零售业、电力生产、科学研究和技术服务的投资分别增长 42.6%、37.7%、87.5%、45.1%[②]。一方面，中国与“一带一路”沿线国家的投资合作能促进地区内的经济发展和基础设施的完善，提高当地人民的生活质量，推动区域经济的良性发展；另一方面，中国能充分利用国内国外两个市场两种资源来扩大贸易额和提高产能利用率，共同促进区域经济发展。

三、制度型开放转变正式开启

中国现已进入经济发展新阶段，需要以制度型开放为重点，开启新一轮对外开放。面对复杂的国内外环境，需要制定与国际经济规则一致的制度标准。中国积极推动全面深化改革，正加快实现由传统的商品和要素流动型开放向全新的制度型开放转变。制度型开放能有效促进投资自由化、便利化，吸引更多优质外资来华投资，进而推动对外直接投资的发展（李磊等，2018）。近年来，中国制度

① 资料来源：《王毅：“一带一路”已成为规模最大的国际合作平台》，2018 年 9 月 29 日，http://www.xinhuanet.com/world/2018-09/29/c_1123501500.htm[2020-08-08]。

② 资料来源：《2017 年度中国对外直接投资统计公报》《2018 年度中国对外直接投资统计公报》。

型开放不断推进和延伸，制度创新、负面清单制度改革和简政放权不断深化，有利于加快对外直接投资的高质量发展。

（一）制度创新对标国际经济规则

中国正积极推进规则制度创新改革，优化国内营商环境，对标国际标准规则，以整体提升国际影响力，加快推进全方位开放。由于全球经济一体化促使商品和要素流动出现新变化，中国需要以新制度和新规则应对新变化。2018 年中央经济工作会议首次提出要“推动由商品和要素流动型开放向规则等制度型开放转变”的概念。2019 年 3 月 5 日，李克强同志在政府工作报告中强调：“继续推动商品和要素流动型开放，更加注重规则等制度型开放，以高水平开放带动改革全面深化。”① 由此可见，面对国内外环境的深刻变化，要实现新一轮高水平开放，需要在落实规则与制度开放的同时，加快推动商品与要素的流动，拓展开放空间，深化产业间的开放程度，建构与国际标准相连接的高质量、高效率制度框架和行政管理体系。推动商品和要素流动型开放转型升级，以创新体制吸引与集聚高质量外资，能为高质量经济发展提供源源不断的动力，同时对中国对外直接投资的发展有积极的推动作用。

（二）深化负面清单制度改革，创造良好营商环境

负面清单制度的实施是中国迈出的重要一步，也是推进全面开放的重要基础。第一，负面清单制度的启动有效增加了外资政策的透明度，极大地激发了外商投资的意愿。从第一份“负面清单”的公布和实施，中国在引进和利用外资方面有了新的指引，极大地提高了国外投资者的投资意愿，从源头上引资引技引智。第二，负面清单制度的制定革新了政府的管理手段和模式，重新塑造政府和市场的关系，提高政府办事效率，营造良好投资环境。负面清单是政府与市场联系的桥梁，是一种积极性的、鼓励性的投资指导方式，能够用以有效减少政府对市场活动和投资的不合理限制与干预，进而促进贸易、投资自由化。自 2013 年第一份“负面清单”公布以来，它总共经历了 5 次修订，其中自贸区的外资准入负面清单条目在 2019 年已经压缩到 37 项，压减比例达 80.5%②。第三，负面清单制度打破了过去市场监管模式，加大事中事后的监管，营造良好的市场秩序。通过深化负面清单制度改革，中国实现了在多领域取消或放宽外商准入限制，拓展了行业的发展空间，降低了投资门槛，促进了产业生产要素的跨国界流动，激发了市场主体

① 资料来源：《2019 年政府工作报告》。

② 资料来源：《7 大领域将进一步放宽外商投资准入》，2019 年 6 月 30 日，http://www.xinhuanet.com/fortune/2019-06/30/c_1124690509.htm[2020-08-08]。

的活力，为市场主体的创业创新提供了更大的空间。第四，负面清单制度降低了外资准入门槛，扩大了投资范围，有效刺激和提高了外商投资积极性。“负面清单”的不断精简，投资门槛的不断降低，投资范围的不断扩大，为进一步创造优良营商环境打下坚实的基础，并通过吸引更多优质外资，推动中国对外直接投资的高质量发展。

（三）简政放权深化市场开放改革

简政放权是进一步深化体制改革、提高办事效率、优化治理模式的重要保证，是夯实市场开放的重要基础。实施简政放权是为了理顺政府和市场、政府和社会之间的关系。一方面，政府在审批过程中做到精简事项、规范程序，从而提高效率。另一方面，政府将部分业务工作转移给社会组织，从而将工作重心移到社会和市场的治理上，更好地履行政府职能。自贸区是新时代改革开放、先行先试的新高地，将简政放权与自贸区相结合，有利于发挥自贸区敢闯敢试的优势，降低企业各项制度性交易成本，加速红利释放，进一步优化营商环境，助力自贸区摸索出诸如“证照分离”等可复制推广的宝贵经验。“放管服”的提出是全面深化改革的重要机制和手段，也是加快转变政府职能、推动经济高质量发展的核心动力。随着简政放权的进一步推进，企业对外直接投资的审核、监管程序也将进一步优化，从而降低企业的时间成本和制度性交易成本，为企业境外投资提供便利。

第二章　中国对外直接投资的历史溯源与现状格局

中国对外直接投资政策实施 40 多年来，在不断前行摸索中发展，所取得的成果显著。改革开放打开了“紧锁”的大门，让世界有机会了解和接纳来自中国的资本，由此开启了对外投资的新篇章。相较于其他国家，虽然中国对外直接投资起步晚，发展过程曲折，但发展速度却十分惊人，这主要源于中国在对外直接投资 40 多年间形成了独具特色的投资模式和发展路径。本章系统回顾中国对外直接投资的历史变迁，进而对中国对外直接投资现状分国别进行介绍。最后，探讨中国企业海外投资的成功与失败案例及经验教训。

第一节　中国对外直接投资的历史变迁

中国对外直接投资虽然起步比其他国家晚，早期发展速度偏慢，但进入 21 世纪以来，通过政府实施“走出去”和“一带一路”等政策，鼓励企业积极融入国际市场，中国对外直接投资发展迅速，投资流量的全球排名稳步上升，目前已跻身全球第一梯队。为了更好地总结中国对外直接投资的历史演变，本节参考商务部国际贸易经济合作研究院对中国对外投资发展历程的划分标准，同时结合卢进勇等（2019）对我国对外投资各历史时期的划分，并根据开放政策主要实施的节点，将中国对外直接投资划分为萌芽、扩大探索、高速增长、重新调整四个时期。

一、萌芽时期（1979—1992 年）

党的十一届三中全会的召开为中国社会和经济发展做出了明确的指引，改革开放也正式成为基本的国策。开放既要“引进来”也要“走出去”，政府和企业也认识到对外直接投资对国内经济和产业发展的作用。随着一系列鼓励企业对外直接投资政策法规的陆续出台，中国对外直接投资朝着健康的方向发展。

（一）改革开放孕育对外投资模式的雏形

这一时期，由于政策上的推动和支持，中国在改革开放的浪潮中逐步形成对外直接投资的方向和形式。1979 年，“出国办企业”成了《关于经济体制改革的十五项措施》中的一项改革措施，中国实力雄厚的企业开始“走出去”。首先，邦交正常化为实施改革开放奠定了政治基础。从 20 世纪 70 年代以来，中国陆续与美国、日本等国家恢复邦交，使国家之间经济、社会和政治的来往逐渐密切，为日后对外直接投资奠定了基础。其次，改革开放政策的实施为企业进行海外投资创造了条件。1979 年国务院颁布的《关于经济体制改革的十五项措施》中第 13 条规定允许“出国办企业”，这是中华人民共和国成立以后，中国政府首次在国家层面提及对外直接投资，自此中国企业对外投资的门槛逐步降低。国家一系列开放政策的实施，促使部分国有企业尝试对外直接投资，其中中国化工进出口总公司和中国五金矿产进出口总公司都是当时对外直接投资的重要参与者。中国对外投资的流量从 1979 年的 0.0053 亿美元上升到 1992 年的 40 亿美元，流量规模不断扩大①。最后，海外投资领域逐步扩宽。虽然这一时期中国对外直接投资还处在起步阶段，但得益于政策放松，投资领域限制的范围也在不断缩小。从最开始局限于商品贸易、餐饮等行业扩大到资源业、物流业、生产加工等 20 个行业。

（二）国有企业尝试“走出去”

这一时期，无论是国家还是企业，都在适应对外开放带来的新变化。中国海外直接投资规模逐渐扩大，海外投资企业类型开始趋于多元，且投资的行业不断增多。特别是 1992 年，在邓小平南方谈话和党的十四大的指导下，一大批企业加快了“走出去”的步伐，使得 1992 年中国对外直接投资增长率迅速上升。

得益于政策的支持，企业对外投资的意愿日益增强，纷纷走出国门到海外寻求新的经营项目。1979—1984 年，受国内外客观环境的影响，对外投资主体以国有企业或国营单位为主，投资方式也相对单一，主要是开办贸易型办事处或采用合资经营的方式。1979 年 11 月，中国企业实现首个海外投资项目——京和股份有限公司是由中日企业共同合资成立，从而拉开了中资企业海外投资的序幕②。随着中国对外开放的大门越开越大，企业“走出去”的方式也日益增多，在 1985 年以后，政府进一步放宽对外投资主体的限制，审批程序的简化也为企业对外直接投资提供了便利。如图 2-1 所示，从 1979 年对外直接投资的企业只有 4 家，到 1992 年对外直接投资企业的数量增至 255 家。

① 资料来源：联合国贸易和发展数据库。

② 资料来源：《1979—1984：对外直接投资探索起步》，http://history.mofcom.gov.cn/?specialfour=dwzjtztsqb [2020-08-09]。

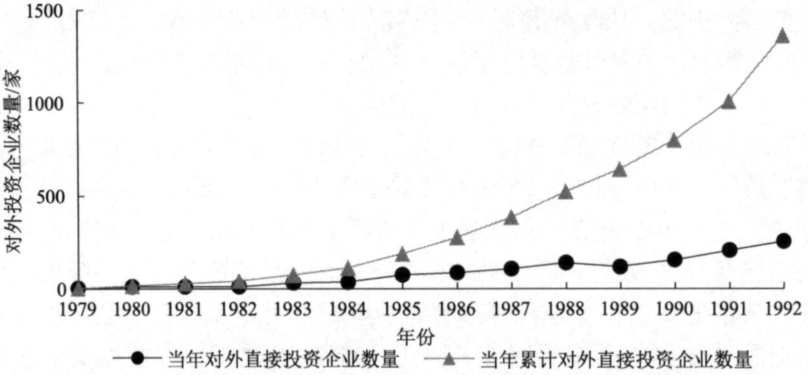

图 2-1　1979—1992 年中国对外直接投资企业数量和累计数量
资料来源：根据商务部网站相关数据整理所得

这一时期中国对外直接投资的特点主要表现为：形式单一，投资规模较小，投资范围狭窄，总体发展速度较慢。虽然对外直接投资企业在数量上不断增多，但受制于投资规模和审批管理政策的限制，投资主体以国有企业为主，其他类型的企业参与对外直接投资机会较少。由表 2-1 可知，1986—1988 年资源类企业对外直接投资的主体均是国有企业。中国是资源大国，但人均拥有量低、开发成本高，这一现状严重制约了当时国民经济的增长。为了推动国内经济发展，支持工业资源的利用，引进国外优质资源和先进技术，国内企业通过与国外企业合资或并购当地企业的方式，有效摆脱了生产资源与技术上的束缚。在 1991 年以前，中国对外投资企业普遍存在投资规模小、投资资金总额偏低的问题，一般年度投资额不超过 10 亿美元。相关政策的出台有力地推动了部分竞争力较强的企业走出国门，参与海外投资的国内企业类型也开始发生变化，由以外经外贸企业为主，转变为制造、贸易、金融等企业也参与到海外投资之中，进一步拓宽了海外投资的领域。虽然对外直接投资企业的数量不断增加，但是大部分企业缺乏资金和经验，对外投资的意愿还较为有限。

表 2-1　1986—1988 年中国资源类企业对外直接投资典型案例统计

年份	中方企业	外方企业	合作项目	合作模式
1986	中信公司	美国铝业	澳大利亚波特兰铝厂	合资
1987	中国冶金进出口公司	澳大利亚哈默斯利铁矿	澳大利亚恰那铁矿（1990 年投产）	合资
1988	中信集团		美国特拉华州轧钢厂	收购
1988	宾州首钢机械设备公司		美国麦斯塔工程设计公司	收购

资料来源：根据商务部网站资料整理而得

二、扩大探索时期（1993—2001年）

随着改革开放的不断推进，中国企业对对外投资有了初步的认识，但受国内外复杂的环境和自身资金、技术与人员管理的限制，企业对参与国外投资活动的态度还是相当谨慎的。从1993年开始，企业为了促进自身发展，也为了加快融入世界市场，不断探索对外直接投资方式。2001年，中国加入世界贸易组织（World Trade Organization，WTO）后，积极打开国门，提出“走出去”战略，以更好地与世界经济形成联动。同时，中国政府为了鼓励和支持企业进行海外投资，陆续出台了一系列优惠政策，并不断完善服务体系，中国对外直接投资的增速剧增。

（一）引导对外投资主体和组织形式多样化

基于萌芽时期的积累，从1993年开始中国对外直接投资方式也发生了较大变化，尤其体现在投资主体的变化上。首先，市场主体类型随着开放的深入变得多样化。投资主体由原来以贸易型公司、对外承包型公司为主逐步转为以生产型企业、服务型企业为主。其次，投资主体的性质日益多样化。过去对外投资的主力军是国有企业，而现在民营企业和股份有限公司也积极参与进来。国有企业有着政治和资本上的优势，在对外投资活动中更容易获得良好的资源。随着政策开放度不断扩大和市场引导力度不断加大，民营企业与股份有限公司也迎来对外投资的机会。受到1992年邓小平南方谈话和党的十四大的影响，民营企业得到了良好的发展机遇，积极在海外设立分支机构或办事处，为日后开辟国际市场奠定了基础。新希望集团在对国外市场和环境进行深入调查后，于1999年在越南投资建设第一家海外饲料厂，并以此为契机走上国际化的道路。最后，投资的方式从过去设立办事处转变为设立合资公司、独资公司，并购和绿地投资成为对外投资的主要方式。在这一时期较为典型的例子是1999年海尔集团在美国南卡罗来纳州建立的工业园，其主要进行产品研发设计、生产，以及搭建本土销售网络，最终使海尔集团打开了美国市场。通过政策的引导，对外投资主体和形式日益多样化，为日后其他形式企业开展海外投资活动积累了经验。

（二）对外投资数量和质量走向发展“过渡期”

在经历了前一阶段的高速增长后，对外投资的发展进入“过渡期”。第一，受到当时国内经济产业结构不合理、通货膨胀率不断升高和周边国家经济危机的影响，这一时期中国对外直接投资存量和流量有着涨跌不一的表现。由表2-2可以看出，1993年对外直接投资流量达到最大值，且之后的数据波动较大，如在1994年对外直接投资流量大幅下降，增长率是–53.49%。这是由于国家从1993年下半年开始实施经济紧缩政策，加大对海外投资业务的清理和整顿力度，严格审核与把控新增投资项目，对已开办的海外企业实行重新登记制度。国家对对外投资活动的监控逐渐收紧，使得海外投资的发展速度开始放缓。第二，投资企业数量的增速放缓。1993 年对外直接投资企业数量为 294 个，比去年同期增加 38 个，加之受到国内外因素的影响，2001 年对外直接投资企业数量只有 312 个，总体增加速度较慢①。虽然这一阶段企业在市场经济体制改革下获得自主权，但是大部分企业缺乏对外投资的目标和实力，同时对国外经济环境没有清晰的了解，导致企业只能“摸着石头过河”来进行对外投资活动。

表 2-2　1993—2001 年中国对外直接投资流量和存量（单位：亿美元）

年份	对外直接投资流量	增长率	对外直接投资存量	增长率
1993	43.00	—	137.68	—
1994	20.00	–53.49%	157.68	14.53%
1995	20.00	0	177.68	12.68%
1996	21.40	7.00%	198.82	11.90%
1997	26.00	21.50%	224.44	12.89%
1998	27.00	3.85%	250.78	11.74%
1999	19.00	–29.63%	268.52	7.07%
2000	10.00	–47.37%	277.68	3.41%
2001	69.00	590.00%	346.53	24.79%

资料来源：根据商务部网站资料整理而得

这一阶段，中国在对外投资政策制定领域不断进行摸索试验，有效引导国内企业到他国投资。2000 年，党的十五届五中全会提出了“走出去”战略，为下一阶段对外投资高速发展奠定了基础。

三、高速增长时期（2002—2016 年）

进入 21 世纪后，中国不断推行稳健的对外政策，加之“走出去”战略的不断深化，中国迎来对外直接投资的高速增长期。随着中国经济实力的提升，自 2002 年以来，中国国际直接投资占发展中国家国际直接投资的比重呈下降趋势，而中国对外直接投资占发展中国家对外直接投资的比重则呈上升趋势。这表明相较于其他发展中国家，中国国际直接投资吸引力降低，但对外直接投资的能力不断提高，充分说明“走出去”战略和“一带一路”倡议能够为新阶段国内产业结构转型升级注入强劲动力。

① 资料来源：根据商务部网站数据整理而得。

（一）经济全球化带来发展机遇

经济全球化给中国带来了难得的投资机遇，在一定程度上刺激了企业开辟国际市场。首先，经济全球化是历史发展的必然产物。各国为了发展本国经济和改善民生、扩大就业等，开始接受来自外国的直接投资，大力招商引资，力求加速接轨全球化的速度。而中国面对国外的优质资源、先进的技术和广阔的国外市场，急需通过"走出去"加快企业转型的步伐。其次，现代科学技术的高速发展缩短了中国市场与国际市场的距离。20 世纪 90 年代以来，现代信息技术的高速发展极大地推动了全球生产力的发展，促进经济的增长和产业的升级，也为中国走向国际舞台提供了重要的机遇。最后，国际生产力的再分工加速了国与国之间的人才、资本、信息和知识在全球范围内的流动，也加快了国际之间的融合和发展。在这一时期，中国企业也纷纷"扬帆出海"，选择适合自身发展的国际投资策略，如国有企业的代表——国家电网公司在 2014 年收购巴西电力企业 51%的股份。

（二）内推外引迎来"走出去"高潮

这一时期，在成功加入 WTO 和实施"走出去"战略两个重要因素的共同推动下，中国企业对外投资迎来历史上的高潮。第一，加入 WTO 打通了进入国际市场的通道。中国在 2001 年成功加入 WTO，极大地促进经济的外向发展和对外贸易的增长，同时为中国企业"走出去"创造了公平公正的环境，增强了企业对外投资的信心。第二，"走出去"战略的实施为企业打下"强心针"。一方面，从 2001 年"走出去"战略的提出，此后为加快对外投资进程和简化对外投资的手续，中国不断放宽对外投资政策，如从审批制转为核准制。另一方面，制度保障释放企业对外投资的活力。为了加快企业的国际化进程，保障企业的利益，国家也在经济上给予补贴和提供资金支持，让"走出去"过程更加顺畅和可持续。第三，支持非公有制企业到境外投资。为了促进非公企业的对外投资，2005 年发布的《国务院关于鼓励支持和引导个体私营等非公有制经济发展的若干意见》指出："鼓励和支持非公有制企业扩大出口和'走出去'，到境外投资兴业，在对外投资、进出口信贷、出口信用保险等方面与其他企业享受同等待遇。鼓励非公有制企业在境外申报知识产权。"[①]同时，商务部联合其他部门出台扶持非公有制企业对外直接投资的政策，通过实施引导措施对私营企业的对外投资活动给予支持，为私营企业对外投资营造了良好环境。第四，"一带一路"倡议提出打造更开放的合作平台，推动中国标准和产能走向广阔的国际市场，带动沿线国家经济共同发展，

① 资料来源：《国务院关于鼓励支持和引导个体私营等非公有制经济发展的若干意见》。

共同构建人类命运共同体。

在这一时期，中国对外直接投资流量和存量继续增长。由图 2-2 可知，得益于“走出去”战略和加入 WTO，中国对外直接投资无论是在存量上还是在流量上都保持增长，对外直接投资流量从 2002 年的 25.2 亿美元增长到 2016 年的 1961.5 亿美元，已实现连续 14 年快速增长。而对外直接投资存量从 2002 年的 299.0 亿美元增至 2016 年的 13 573.9 亿美元。

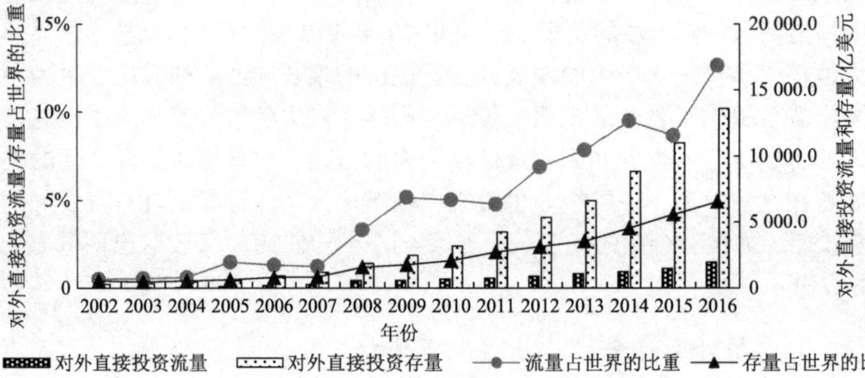

图 2-2　2002—2016 年中国对外直接投资流量和存量及其占世界的比重

资料来源：联合国贸易与发展数据库

（三）汇率改革降低对外投资成本

汇率改革是中国扩大对外开放的重要举措，也是积极推动本土企业走向国际化的重要保证。首先，逐步放宽对外直接投资的外汇管制。从 2002 年开始，国家外汇管理局通过一系列措施下放外汇使用的审批权限，逐步取消企业对外直接投资购汇额度的诸多限制，极大地降低了企业使用外汇进行对外直接投资的风险。其次，三次汇率改革降低了企业对外直接投资成本。从 1981 年实行的汇率双轨制改革，到 1994 年推行的汇率并轨制改革，再到 2005 年所实施的有管理的浮动汇率制度，人民币不断升值，其中一个好处是能促使国内投资主体更有意愿参与对外投资。中国实施积极的汇率改革后，极大地解除了用汇限制，降低企业用汇成本，从根本上消除了企业对外投资的阻碍。

（四）贸易顺差积累对外投资原始资本

中国加入 WTO 后，有效地消除了对外贸易方面的限制，长期的贸易顺差成为对外投资资本的重要来源。第一，劳动生产率优势引致出口的不断增加。加入 WTO 后，中国得益于廉价的劳动力和制造成本，逐渐成为世界“出口大国”。每年产生的贸易顺差额使经常性项目积累了大量的外汇。2016 年，中国经常账户顺差达2104亿美元，资本和金融账户逆差达470亿美元。这一方面显示出中国在对外贸易方面具有较强的国际竞争优势，中国制造产品对其他国家而言仍有吸引力；另一方面体现出中国企业更倾向于配置境外资产来促进资本结构的多元化①。第二，贸易顺差促使企业对外投资意愿更强烈。随着中国对外贸易顺差额越来越大，部分企业积累了较多的资金资本，需要寻求多元化和国际化的发展，因而主动参与对外直接投资活动以获得国际市场的话语权和份额。通过对外直接投资，既可以使母国获得更多资源和技术，也可以推动东道国的本地经济增长、增加就业岗位、稳定社会秩序，从而减少两国因贸易不平衡产生的摩擦。

（五）可复制和借鉴案例的增多

由于前期累积了一些对外直接投资的成功案例，中国企业在境外投资的信心逐渐增强，同时希望掌握东道国有效的管理方法和吸取先进技术经验，进一步进行改革和创新。事实上，从2002年开始，中国企业对外直接投资活动日益活跃，如联想集团收购国际商业机器公司个人电脑服务部、TCL科技集团股份有限公司并购德国施耐德电视部门等，这些案例都为中国企业“走出去”提供了可以借鉴的宝贵经验。另外，绿地投资不断增加，如海尔集团、福耀集团等成功案例，为企业进行相似的投资提供了参考的范本，也为中国跨国公司的经营管理提供了可借鉴、可复制的经验。

这一阶段，中国企业对外直接投资方式从最初单一的投资方式朝多元化方向发展，主要向绿地投资、并购和产业园建设等方式扩展。对外直接投资速度加快，规模不断扩大，行业领域逐渐增多，投资主体和国别多样化。越来越多的企业通过各种渠道和方式进行对外直接投资，希望通过对外投资加快内部技术转型升级，同时注重打造国际化品牌，以获得更广阔的发展空间。

四、重新调整时期（2017年至今）

现阶段，中国经济已由高速增长阶段转向高质量发展阶段，企业对外直接投资将趋向稳健和理性。经历上一阶段的高速增长，中国已经进入投资大国的第一梯队。但面对国内外经济下行和投资环境日益复杂的压力，企业需要更理性和谨慎地搭建开放合作平台。

（一）谨慎应对，降低外部风险

面对西方国家加大对外资企业准入资格的审查力度，中国企业需要在对外投

① 资料来源：《2016年我国经常账户顺差2104亿美元》，2017年2月8日，http://www.xinhuanet.com//fortune/2017-02/08/c_1120433629.htm[2020-10-09]。

资方向上更加谨慎，以应对投资过程中面临的各种风险。一方面，发达国家对外资的审查进一步收紧，特别是提高了战略性行业引进外资的标准。2018 年 10 月，美国出台《外国投资风险审查现代化法案》，加大对一些战略性新兴行业外商投资的审查力度，包括半导体、飞机制造、生物技术等行业。另一方面，部分国家实行贸易保护主义，以“国家安全”为由对中国企业投资的领域进行严格审查，以政治手段干预正常的商业投资活动。

（二）理性调整，优化投资结构

截至 2018 年底，中国对外投资已经覆盖国民经济所有的行业类别，投资结构逐渐优化。2018 年，中国对外投资存量规模上亿的行业总数达到 6 个，排名前三位分别是租赁和商务服务业、批发和零售业、金融业，而中国企业对外投资更倾向于信息业。由表 2-3 可看出，2015—2018 年，中国在对外投资存量中租赁和商务服务业的占比最高，而变化较大的则是信息传输/软件和信息技术服务业的比重，由 2015 年存量占比 1.9%上升到 2018 年的 9.8%，也是中国自然人对外投资较为集中的领域。根据商务部 2018 年发布的数据，装备制造业对外投资存量为 959.2 亿美元，占制造业对外投资存量的 52.6%。对汽车制造、计算机/通信及其他电子设备制造、化学原料及化学制品制造、专业设备制造等领域的对外投资均超过 100 亿美元。装备制造业对外投资力度的增大，反映出投资主体希望通过海外投资实现转型升级，并能与国际技术保持同步。2018 年，投资行业存量增长速度较快的是科学研究和技术服务业，反映出投资主体逐渐进入技术与服务领域，旨在扩大行业价值链的影响力。对外投资结构的不断优化，说明非理性投资得到遏制，对外发展已形成良性的循环。

表 2-3　2015—2018 年中国对外投资行业存量情况

行业领域	2015 年		2016 年		2017 年		2018 年	
	存量/亿美元	占比	存量/亿美元	占比	存量/亿美元	占比	存量/亿美元	占比
租赁和商务服务业	4095.7	37.3%	4739.9	34.9%	6157.7	34.1%	6754.7	34.1%
批发和零售业	1219.4	11.1%	1691.7	12.5%	2264.3	12.5%	2326.9	11.7%
信息传输/软件和信息技术服务业	209.3	1.9%	648.0	4.8%	2189.0	12.1%	1935.7	9.8%
金融业	1596.6	14.5%	1773.4	13.1%	2027.9	11.2%	2179.0	11.0%
采矿业	1423.8	13.0%	1523.7	11.2%	1576.7	8.7%	1734.8	8.8%

续表

行业领域	2015年		2016年		2017年		2018年	
	存量/亿美元	占比	存量/亿美元	占比	存量/亿美元	占比	存量/亿美元	占比
制造业	785.3	7.2%	1081.1	8.0%	1403.0	7.8%	1823.1	9.2%
交通运输/仓储和邮政业	399.1	3.6%	414.2	3.1%	547.7	3.0%	665.0	3.4%
房地产业	334.9	3.1%	461.1	3.4%	537.6	3.0%	573.4	2.9%
建筑业	271.2	2.5%	324.2	2.4%	337.0	1.9%	416.3	2.1%
电力/热力/燃气及水的生产和供应业	156.6	1.4%	228.2	1.7%	249.9	1.4%	336.9	1.7%
科学研究和技术服务业	144.3	1.3%	197.2	1.4%	216.8	1.2%	442.5	2.2%
居民服务/修理和其他服务业	142.8	1.3%	169.0	1.2%	190.2	1.1%	167.2	0.8%
农/林/牧/渔业	114.8	1.0%	148.9	1.1%	165.6	0.9%	187.7	0.9%
文化/体育和娱乐业	32.5	0.3%	79.1	0.6%	81.2	0.5%	126.6	0.6%
住宿和餐饮业	22.3	0.2%	41.9	0.3%	35.1	0.2%	44.0	0.2%
教育及其他行业	4.6	0.1%	7.3	0.1%	32.9	0.2%	47.2	0.2%
水利/环境和公共设施管理业	25.4	0.2%	35.8	0.2%	23.9	0.1%	31.3	0.2%
卫生和社会工作	4.6	0.1%	9.2	0.1%	13.9	0.1%	30.0	0.2%

资料来源：根据2015—2018年度《中国对外直接投资统计公报》整理所得

（三）加强监管，完善投资政策

为有效监管对外投资活动，中国出台了一系列管理制度，投资活动回归理性与有序。前期中国对外直接投资活动增长速度过快，加之政府对投资领域缺乏足够的指导和监管，因此产生了一些负面影响。部分企业的对外投资专注于房地产等非实体经济领域，既不能带动国内经济发展，又增加了资金的跨境流出；部分企业因环保、能耗、安全等问题与东道国发生了矛盾和纠纷，并造成了一定的经济损失。为了加强对本国企业对外投资行为的指导，引导和规范对外投资方向，降低企业海外投资的风险，保证对外投资健康有序发展，中国开始对企业的对外投资行为进行监管。2017年，国家发展和改革委员会、商务部、人民银行、外交部四部委联合发布了《关于进一步引导和规范境外投资方向的指导意见》，部署加强对境外投资的宏观指导，引导和规范境外投资方向，推动境外投资持续合理有序健康发展。2018年，商务部、人民银行、国务院国有资产监督管理委员会、中国银行业监督管理委员会、中国证券监督管理委员会、中国银行保险监督管理委员会、国家外汇管理局等7部门共同发布《对外投资备案（核准）报告暂行办法》。办法的推出是为了进一步完善对外投资管理制度，有效防范风险，引导对外投资健康有序发展，推进“一带一路”建设顺利实施。国家加强对企业对外投资真实性和合规性的审查，继续控制非理性投资，加大事中事后的监控力度，促进中国对外直接投资的健康有序发展。从2017年开始，对外投资流量得到有效控制，可以看出企业对外投资逐渐回归理性，主要体现在流量与存量的差异上，2017年中国对外投资的流量从1582.9亿美元降至2018年的1298.3亿美元。但是，对外投资的存量却从2016年的13 573.9亿美元上升到2017年18 090.4亿美元，再到2018年的19 388.7亿美元（商务部等，2019）。

这段时间，中国对外直接投资的脚步虽然放缓，但总体趋向理性且主要集中在有助于国民经济增长的领域，这既能有效提升企业“走出去”的效益，也对当地的经济转型起到积极的作用。总的来看，中国对外投资稳中向好，符合当前中国经济发展的要求，也符合经济发展规律。

第二节　中国对发达国家或地区的对外直接投资现状

作为全球投资重地的发达国家，一直都是吸引中国企业进行对外投资的重要目的地。由于发达国家或地区具有完善的政策体系、广阔的市场空间、先进的技术水平、完备的产业基础和良好的营商环境等因素，中国企业“走出去”往往首选这些国家或地区。本节选取美国、欧洲联盟（以下简称欧盟）、日本、澳大利亚等发达国家或地区，介绍中国对其直接投资的现状、典型案例和投资前景等情况。

一、美国

（一）对美国直接投资现状

近年来，随着中国企业“走出去”步伐的加快，美国已成为中国企业对外投资的重要目的地。中国对美国投资总体呈现出宽领域、多元化的特点，投资领域已经基本覆盖国民经济行业所有门类，涉及制造业、信息通信、金融服务、汽车、房地产等近20个行业，继国有企业之后，各类中资民营企业已成为中国对美国投资的主力军，民营企业对美国投资额占中国对美国投资总额的近80%。近年来，受国内外相关因素的影响，中国对美国投资规模也有一些变化。如图2-3所示，2013—2018年，中国对美国直接投资的流量和存量都有较大的变化，投资流量在2016年达到了169.81亿美元，占比为8.7%，反映出当年中国投资者对美国投资的热情和信心。2018年，中国对美国直接投资流量74.77亿美元，占当年中国对外直接投资总额的5.2%；截至2018年末，中国对美国直接投资存量755.07亿美元。

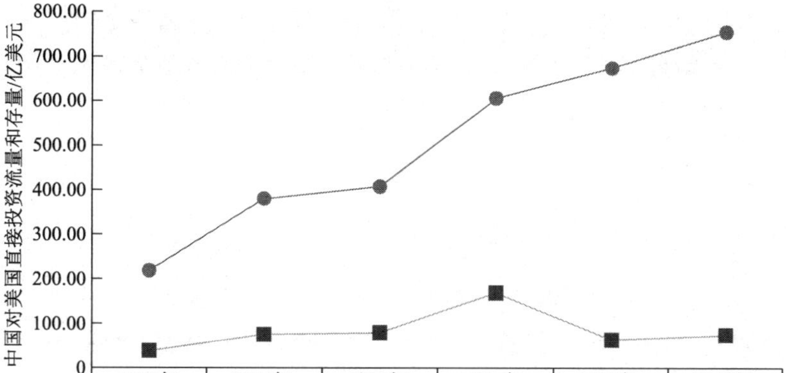

	2013年	2014年	2015年	2016年	2017年	2018年
投资存量	219.00	380.11	408.02	605.80	673.81	755.07
投资流量	38.73	75.96	80.29	169.81	64.25	74.77

图 2-3　2013—2018 年中国对美国直接投资流量和存量

资料来源：根据 2013—2018 年度《中国对外直接投资统计公报》整理而得

（二）典型案例和投资前景

1. 典型案例

近年来，中国企业到美国进行直接投资的案例不断增多，行业覆盖也越来越广。2010 年 8 月 25 日，阿里巴巴宣布收购美国电子商务公司 Auctiva，此时距离阿里巴巴收购同样位于美国加利福尼亚州的 Vendio 公司仅一个多月的时间。这也是阿里巴巴进军国际市场，立志将“全球速卖通”打造成世界领先的网上跨境零售交易平台的战略性部署。中国企业加大在生物制药行业的并购力度，在产业链重构中发挥越来越大的影响力。2017 年 1 月，三胞集团以 8.19 亿美元（当时约合人民币 57 亿元）收购美国生物医药公司 Dendreon100%股权，该公司主要盈利来自全球首个前列腺癌细胞免疫疗法 Provenge，在 2016 年 Provenge 利润约 1.2 亿美元，三胞集团通过并购该公司，可以填补国内在该疾病治疗药物的空白，同时为日后投放亚洲及欧洲市场做好准备。

2. 投资前景

美国在营商环境、科学技术等领域具有领先优势，中美经贸互补性不断加强，中国对美国投资前景广阔。与此同时，中国对美国直接投资仍存在不少障碍。一方面，中资企业在美国投资仍面临自身竞争力不足、在美国水土不服等生存发展风险；另一方面，由于美国政府趋于内顾的经贸政策取向，美国对中国赴美投资审查趋严，这将进一步加大中资企业在美国投资发展的难度[①]。另外，美国还利用

① 资料来源：中国商务部发布的 2018 版《对外投资合作国别（地区）指南》。

其国内法对中国企业进行长臂管辖，导致中兴通讯成为遭遇美国经济制裁的首个目标。受到中兴事件的影响，中国企业对美国投资需要更加谨慎，同时需要对美国法律进行更加细致的研究，以降低投资风险和不确定性。

二、欧盟

（一）对欧盟直接投资现状

近年来，中国在欧盟的投资取得了长足进步和相对平稳的发展。欧盟是中国主要的经济合作伙伴，无论是在贸易上还是投资上，都有着良好的合作基础。无论是存量还是流量，中国对欧盟直接投资的金额和比重都较大。由图 2-4 可知，2016 年中国对欧盟直接投资存量为 698.37 亿美元，占中国对发达经济体投资流量的 36.5%，位列第一位。截至 2018 年末，中国对欧盟直接投资存量已达 907.39 亿美元，流量为 88.66 亿美元。投资去向的国家较为集中，流量超过 10 亿美元的国家分别是卢森堡、德国、瑞典、英国和荷兰。欧盟已经成为中国企业对外直接投资的重要区域。

大部分欧盟成员国均拥有优良且富有特色的产业基础和比较先进的技术，与中国有着显著的互补性。中国企业在欧盟的主要进入行业为租赁和商务服务业、批发零售业、制造业和科学研究等。在投资方式上，中国企业在欧盟地区并购的积极性较高，大型并购项目不断涌现。

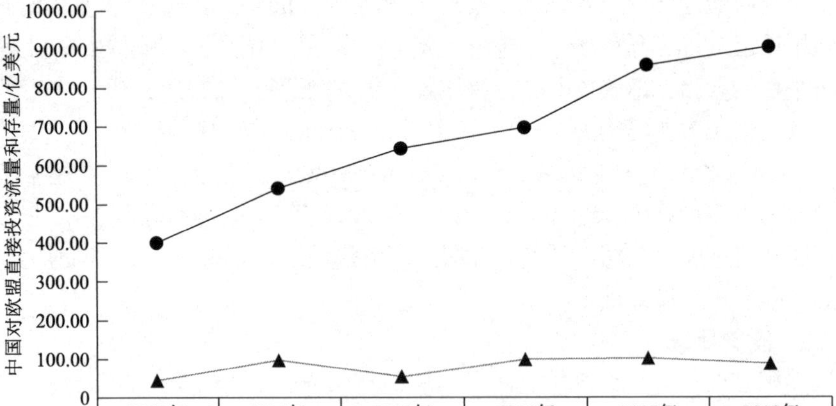

	2013年	2014年	2015年	2016年	2017年	2018年
─●─ 投资存量	400.97	542.10	644.60	698.37	860.15	907.39
─▲─ 投资流量	45.24	97.87	54.80	99.94	102.67	88.66

图 2-4　2013—2018 年中国对欧盟直接投资流量和存量

资料来源：根据 2013—2018 年度《中国对外直接投资统计公报》整理而得

（二）典型案例和投资前景

1. 典型案例

欧盟与中国有着深厚的合作关系，是中国企业并购的主要目的地之一。2017年，中国企业的主要并购地是瑞士、德国和英国。中国化工集团以421亿元收购瑞士先正达公司股权，是当年中国最大的海外并购项目，也是当年全球并购案件中第二大项目[①]。国有企业更倾向以并购方式取得企业的经营权，如中国国家电网收购希腊国家电网公司、中国投资有限公司收购英国伦敦希思罗机场、中远海运集团收购西班牙诺特姆港口公司等。

2. 投资前景

目前，欧盟对外资的审查制度正不断收紧。2017年9月，欧盟开始对国际直接投资资金建立审查机制。其中，28个成员国中已有一半建立了对国际直接投资的审查制度。为了消除内部差异，增强各国间的贸易往来，2019年4月，由欧洲议会与欧盟理事会通过的《对进入联盟的外国直接投资建立审查框架的第2019/452号欧盟条例》生效，进一步加强对外资的审查。可以预见的是，未来投资欧盟地区的审查时间将会延长，战略产业的准入门槛也将提高。欧盟内部一些国家对中国企业有着较大的吸引力，是中国企业青睐的海外投资地。随着“一带一路”建设的不断深化和中欧班列的开通，欧盟也需要中国的投资以提升区内产业的发展水平。

三、日本

（一）对日本直接投资现状

日本作为中国对外投资重要目的国，与中国有着良好的合作基础。随着两国经贸合作方面的不断深化，中国对日本投资日益增长。如图2-5所示，仅2018年中国对日本的直接投资流量达到了4.68亿美元，2018年年末中国对日本直接投资的存量规模约34.90亿美元，均创近年新高。根据商务部统计数据，2019年1—9月，中国企业对日本全行业直接投资达1.70亿美元。这些数据表明，中国投资者对日本投资存在较大信心。近年来，日本内阁为了积极吸引外资加快国内经济发展，实施了一系列外资政策，推动了外国对日本投资的高速增长。同时，随着“一带一路”建设的推进，中国对日本投资呈现出民营企业投资稳定发展、投资领域不断拓展、质量不断提升的新特点。另外，跨境电商、移动支付、共享经济等新经济模式也逐渐抢滩日本。

① 资料来源：《中国化工440亿美元收购先正达收官》，2017年6月9日，http://www.xinhuanet.com//fortune/2017-06/09/c_129628896.htm[2020-08-21]。

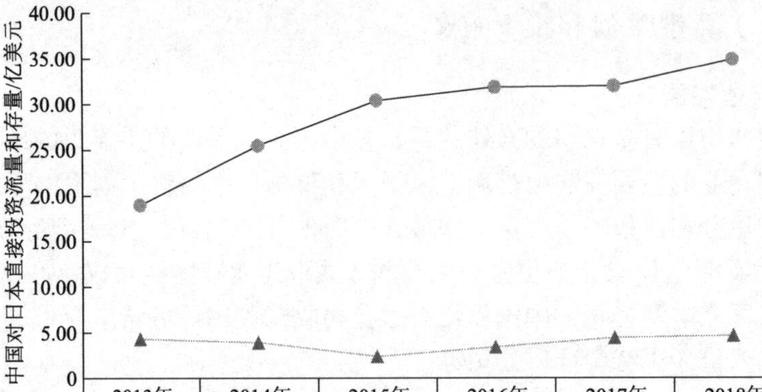

	2013年	2014年	2015年	2016年	2017年	2018年
投资流量	4.34	3.94	2.40	3.44	4.44	4.68
投资存量	18.98	25.47	30.38	31.84	31.97	34.90

图 2-5　2013—2018 年中国对日本直接投资流量和存量

资料来源：根据 2013—2018 年度《中国对外直接投资统计公报》整理而得

（二）典型案例和投资前景

1. 典型案例

由于地理和技术上的优势，日本一直是中国企业“走出去”的首选地。中国第一家中外合资企业的成功开办，为日后到日本投资的中国企业打下了“强心针”。40 多年来，中国企业通过“走出去”学习当地管理经验，获取产业技术和设备，加快转型升级。作为国内电视行业龙头的海信集团，通过收购东芝映像解决方案公司95%的股权，获得东芝电视产品、品牌和运营等业务。通过这次并购，双方进一步整合在研发、产业链、供应链和市场渠道等方面的资源，加快企业的国际化进程。随着中日两国在产业转型和升级上的合作不断深化，中国对日本企业投资的热情不断提高。

2. 投资前景

近年来，日本政府专注于寻找新的经济增长点，以期走出经济低谷。日本政府有意通过放宽管制以刺激产业发展、增强经济活力，逐步开放重点领域，吸引优秀的外国企业，如新能源、生物医疗、养老护老等产业，允许外国企业进行投资，为外商投资日本创造了新机遇。中国对日本直接投资有着悠久的历史，随着中日关系不断升温，中国对日本的投资也在不断增加。

四、澳大利亚

（一）对澳大利亚直接投资现状

中国和澳大利亚自 1972 年建交以来，双边经贸合作持续深入发展，形成了多元化、多层次的良好合作格局。商务部公布的数据显示，截至2018年末，中国在澳大利亚直接投资存量为383.79亿美元，同比增长6.1%。澳大利亚作为中国在大洋洲重要的贸易和投资伙伴，长期以来深得中国投资者的青睐。如图2-6所示，2015—2017年，中国对澳大利亚直接投资无论是在流量还是存量上都有着较大的增长，反映出澳大利亚具有良好的投资因素。虽然2018年直接投资流量有所回落，但是中国对澳大利亚的投资态度依然积极。中国对澳大利亚投资领域广，其中矿物资源是最重要的投资方向。中国企业投资澳大利亚领域以采矿业、房地产业和食品及农业为主。其中，2017年对澳大利亚投资流向主要集中在采矿业，投资额为14.30亿美元，占对澳大利亚直接投资的33.7%。第二位是金融业，投资额达5.05亿美元，占比为11.9%。第三位是房地产业，投资额达4.93亿美元，占比为11.6%。第四位是制造业，投资额达4.7亿美元，占比为11.1%[①]。从占比的排名可以看出，除了传统投资项目外，中国企业在澳大利亚积极扩展投资领域，从而优化投资结构。

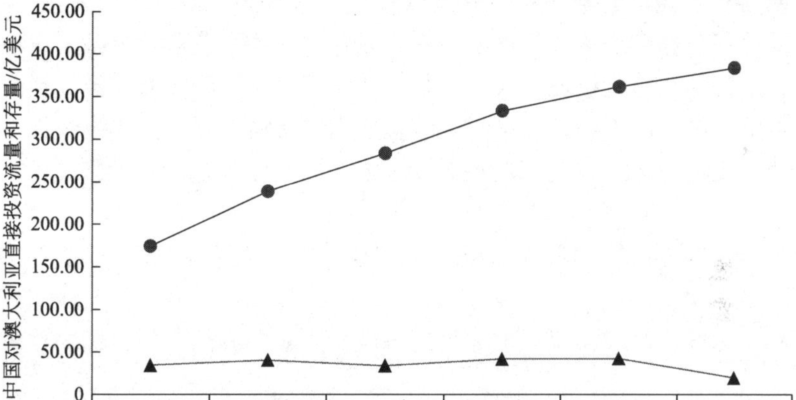

	2013年	2014年	2015年	2016年	2017年	2018年
—▲—投资流量	34.57	40.49	34.01	41.87	42.42	19.86
—●—投资存量	174.49	238.82	283.74	333.50	361.75	383.79

图2-6　2013—2018年中国对澳大利亚直接投资流量和存量

资料来源：根据2013—2018年度《中国对外直接投资统计公报》整理而得

（二）典型案例和投资前景

1. 典型案例

澳大利亚矿产资源丰富，是中国能源企业海外并购的首选地之一。虽然澳大利亚对来自海外的资金有着严格的审查制度，但中国企业凭借优良的资质背景，

① 资料来源：中国商务部发布的《中国对外投资发展报告2018》。

创造了不少成功的投资案例。2009 年，中国五矿集团有限公司以 13.86 亿美元成功收购 OZ 矿业公司，同时获得矿产及其他处于勘探和开发阶段的资源。本次收购一方面使中国五矿集团有限公司获得了丰富的海外资源储备，扩展了国际化业务，另一方面为澳大利亚本地就业、税收和产业发展做出了积极的贡献。除了矿产资源外，房地产业也是中国企业对澳大利亚投资的主要领域。2014 年，万达集团成功并购澳大利亚黄金海岸著名的珠宝三塔项目，作为绝对控股股东与原业主共同开发该项目。随着中国企业积极寻求海外投资机会，澳大利亚已成为中国企业重要的投资地。

2. 投资前景

近年来，澳大利亚经济审查外资的力度不断加大。受国内经济结构性矛盾突出、“逆全球化”思潮和国内保守势力抬头的影响，澳大利亚政府陆续收紧外资审批政策，以“国家安全”为由否决中资企业收购的案件不断增多，种种阻力减弱了中国企业在澳大利亚投资的热情和积极性。

澳大利亚有着稳定、透明的投资环境，是中国企业海外投资最佳东道国之一。目前，除能源和矿产资源等传统投资领域外，高端制造业、金融、房地产、基础设施、通信信息等行业逐渐成为中国企业投资合作的新领域，极大地促进两国相关产业的发展。需要注意的是，中国企业需要对澳大利亚的法律法规、投资环境和产业状况进行深入调查，防止投资的盲目性和主观性，增加投资活动的成功率。

第三节 中国对新兴经济体的对外直接投资现状

新兴经济体正处在经济发展、改善民生的改革时期，十分欢迎来自中国的投资。中国作为最大的发展中国家之一，为了分散投资风险，促进投资多元化，也不断加深与新兴经济体的经贸合作关系。目前对新兴经济体并没有统一的划分标准，本节根据英国《经济学家》（*The Economist*）对新兴经济体的划分标准，即第一梯队有中国、印度、巴西和俄罗斯与南非，第二梯队有韩国、印度尼西亚等“新钻”国家，从而选择具有代表性的新兴经济体，分析中国对这些国家的直接投资现状。

一、印度

（一）对印度直接投资现状

中国对印度的直接投资流量和存量与其他新兴经济体相比较少。长期以来，印度政府以所谓“国家安全”等政治因素为由，限制中国企业在印度投资的规模和领域，导致中国企业难以在印度市场开展投资活动（李晓，2015）。由图 2-7 可知，从 2015 年起中国对印度直接投资流量总体呈下降趋势，2016 年中国对印度直接投资流量仅为 0.90 亿美元。根据商务部的统计数据，2018 年中国对印度直接投资流量为 2.06 亿美元。截至 2018 年末，中国对印度直接投资存量为 46.62 亿美元，比上年略有回落。由于受到印度审查制度的严格控制，中国企业在印度的投资主要集中在通信、电力设备、基础设施等领域，并且受到投资规模和投资模式的限制。中印两国急需在政治领域加强互信合作，从而拓展投资空间。

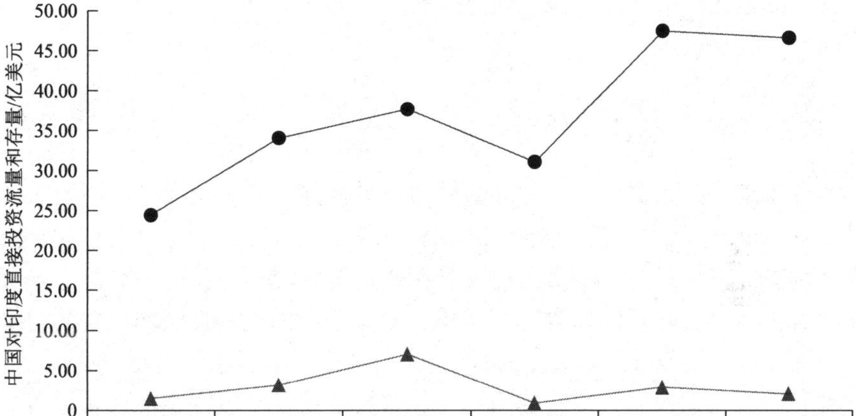

	2013年	2014年	2015年	2016年	2017年	2018年
—▲— 投资流量	1.49	3.17	7.05	0.90	2.90	2.06
—●— 投资存量	24.47	34.07	37.70	31.07	47.47	46.62

图 2-7　2013—2018 年中国对印度直接投资流量和存量

资料来源：根据 2013—2018 年度《中国对外直接投资统计公报》整理而得

（二）典型案例和投资前景

1. 典型案例

中国企业希望借助印度开拓南亚及周边市场。印度市场是发展速度较快的新兴市场，蕴藏着巨大的投资潜力和价值，逐渐成为中国家电企业投资的首选国家之一。为了实现国际产能的深度合作，美的集团在 2017 年投资 12.7 亿元在印度马哈拉施特拉邦苏巴帕勒建立美的科技园，打造家用电器、暖通空调和空调压缩机等产品的海外生产基地。不单是美的，海尔、TCL 等也都看好印度市场的发展潜力，纷纷加大投资力度，可以预见，印度凭借资源、人力方面的优势将得到更多来自中国企业的投资资金。

2. 投资前景

印度拥有良好的投资前景，但中国企业也要注意其对外资的态度。首先，地理位置优越，影响力能辐射到东南亚、中东、东亚、南亚市场。其次，人力资源丰富，作为世界第二人口大国，有着充足的劳动力和潜在市场，具备推动投资持续增长的基本动力。最后，信息技术发达，印度在信息技术和服务外包等领域处于世界领先水平，可以有效支持和促进国内信息产业的发展。作为投资者也需要重点关注印度在投资领域方面的劣势和政策上的限制，如当地基础设施落后导致投资成本较高、缺少对外国投资的优惠政策、法律体系复杂、企业注册困难等。综上所述，印度虽拥有相当广阔的市场，但是国内政治和经济不确定因素较多，企业需要综合评判投资风险，谨慎投资。

二、巴西

（一）对巴西直接投资现状

近年来，巴西逐渐成为中国重要的贸易伙伴，双边贸易额不断增大。与此同时，中国也成为巴西主要的投资国。2017 年，中巴建立了全面合作伙伴关系，开启了两国合作关系的新篇章，进一步深化投资领域的合作。一方面，投资规模不断增大。随着巴西降低外资准入门槛，中国企业加大了在巴西投资的力度。巴西经济部公布的数据显示，从 2003 年至 2019 年，中国在巴西投资总额累计达 710 亿美元，成为巴西最大的投资国之一。其投资项目和投资金额逐年增多，根据巴西计划预算和管理部 2018 年 4 月发布的《中国投资情况报告》，从 2003 年至 2018 年，中国宣布和已确认在巴西投资的项目共 262 个，投资总额达 1267 亿美元，其中已确认的项目 102 个，投资总额为 554 亿美元。如图 2-8 所示，除 2015 年中国对巴西直接投资流量出现负增长外，2013 年至 2018 年中国对巴西的直接投资流量、存量规模都呈现出稳步上升的态势。截至 2018 年年底，中国对巴西直接投资流量和存量分别为 4.27 亿美元和 38.12 亿美元。另一方面，投资质量不断优化。

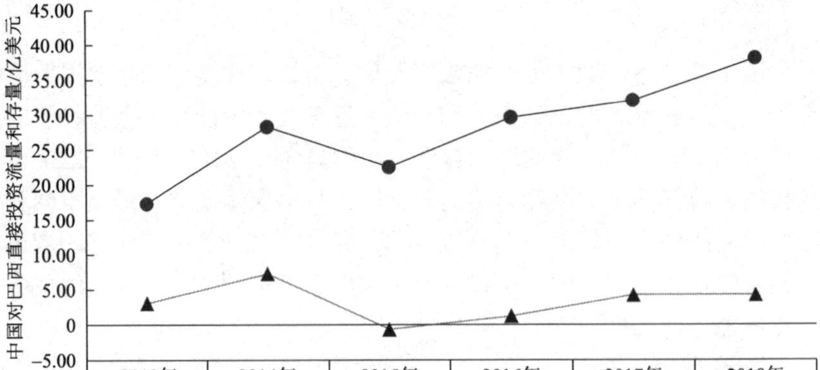

	2013年	2014年	2015年	2016年	2017年	2018年
▲投资流量	3.10	7.30	−0.63	1.24	4.26	4.27
●投资存量	17.33	28.32	22.57	29.62	32.05	38.12

图 2-8　2013—2018 年中国对巴西直接投资流量和存量

资料来源：根据 2013—2018 年度《中国对外直接投资统计公报》整理而得

中国在巴西投资领域逐步扩大，除了石油、天然气和矿产等传统领域是中国投资者重点关注的方向外，电信、金融服务和数字经济领域也出现良好的合作势头。随着两国不断加强发展战略的对接，巴西投资合作的潜力不断增强。相信在金砖五国合作机制的影响下，中国与巴西之间的投资合作将进一步深化，投资结构也将进一步优化。

（二）典型案例和投资前景

1. 典型案例

2015 年开始，中国对巴西直接投资出现拐点，中国企业大举进入巴西的电力领域。2016 年中国国家电网公司与巴西卡玛古集团签署股权购买协议，收购旗下子公司 CPEL 公司 23.6%的股权，成为巴西最大私营电力企业的股东。完成此次交易后，中国企业借助该公司在巴西的市场地位和业务网络，实现了电力发、输、配、售等业务在该国的全覆盖，同时实现了海外资产组合多元化，为继续开拓巴西与拉丁美洲同类型业务奠定了基础。除了并购业务，中国企业“走进”巴西的模式也呈现出多元化的趋势。2019 年，徐工集团巴西工业园通过江苏省商务厅和财政厅的联合确认，成为中国首个以工程机械为主的境外经贸合作区，开创了中国企业海外投资的新模式。园区的建立有效吸引了中国企业到巴西投资，推动投资合作和经贸发展，同时促进了中国企业在巴西投资模式的多元化。

2. 投资前景

中巴经贸合作关系的日益紧密，极大地提高了中国企业到巴西投资的积极性。一方面，巴西经济规模和市场规模稳居拉丁美洲首位，具有巨大的市场潜力和良好的发展前景。另一方面，巴西积极引入外国投资。巴西积极实行吸引外资的政策，外商投资巴西无须经过政府批准，只需通过有权经营外汇业务的银行将外汇汇入巴西，即可在巴西投资，大大地减少了外资企业分配和汇出利润的限制。虽然巴西投资政策相对宽松，但投资企业仍需注意其国内的潜在风险，如税收种类多、税率高、基础建设不完善、生产成本高、法令法规繁多等问题。在文化、制度等存在明显差异的背景下，中国企业必须保持高度警惕，提前做好全方位调查，选择合适的投资方式。

三、俄罗斯

（一）对俄罗斯直接投资现状

中俄两国投资合作现状良好，并不断向前推进。近年来，中俄两国在政治和经济交流方面的关系日益密切，直接投资活动总体上呈现增长的趋势，但 2013

年至 2018 年中国对俄罗斯直接投资流量波动较大。由图 2-9 可知，2015 年，中国对俄罗斯直接投资流量达到 2013—2018 年的高点，为 29.60 亿美元，此后，投资活动相对降温。2018 年底，中国对俄罗斯直接投资存量规模约为 142.08 亿美元。目前，在中国驻俄罗斯联邦大使馆经济商务参赞处备案的企业数量约 350 家[①]，投资领域主要集中在自然资源、农业、传统制造业、金融业等。此外，俄罗斯拥有健全的投资法律体系，俄罗斯联邦政府、各地方政府也在自己的权限内颁布了众多有关投资活动的法规、法令。预计今后一段时间里，俄罗斯从中央到地方各级政府将继续采取措施，积极改善投资环境。

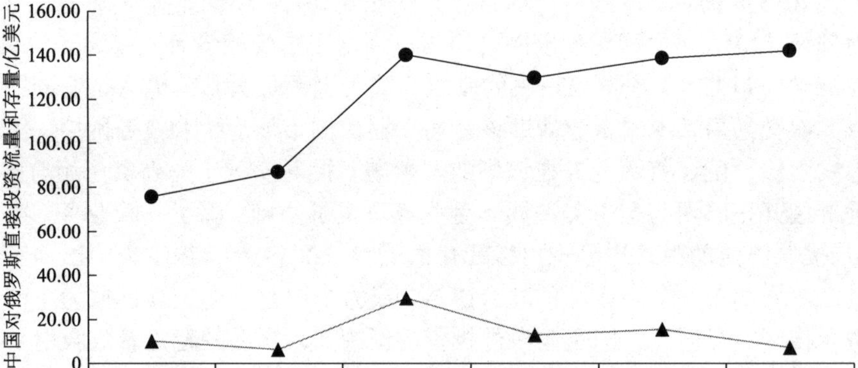

	2013年	2014年	2015年	2016年	2017年	2018年
▲ 投资流量	10.22	6.33	29.60	12.93	15.48	7.25
● 投资存量	75.82	86.94	140.19	129.79	138.71	142.08

图 2-9　2013—2018 年中国对俄罗斯直接投资流量和存量

资料来源：根据 2013—2018 年度《中国对外直接投资统计公报》整理而得

中俄两国双边关系良好，投资前景广阔。2017 年，在北京召开的中俄政府间投资合作委员会第四次会议上，中俄双方共同确定了 73 个双边重点合作的发展项目，计划中的投资总额高达 1000 亿美元。中资企业积极跟进俄罗斯远东发展战略，充分利用俄罗斯远东地区设立合作发展区和自由港等机遇，与俄方企业扩展在农业和化工等多个领域的产能合作，远东开发将成为中俄合作发展的全新增长点。据商务部公布的数据，2019 年 1—5 月，中国对俄罗斯全行业直接投资达 2.1 亿美元，同比增长 20.1%。可以看出，中国对俄罗斯直接投资活动不断深化，发展速度也在加快。

① 资料来源：中国商务部发布的《对外投资合作国别（地区）指南——俄罗斯（2018 年版）》。

（二）典型案例和投资前景

1. 典型案例

中俄两国有着良好和密切的合作关系，中国企业对俄罗斯投资活动日益活跃。2016 年，海尔在俄罗斯鞑靼斯坦冰箱厂项目正式投产。该厂是海尔在俄罗斯投资的第一个项目，也是投资 5000 多万美元成立的独资公司。海尔成为中国企业在俄罗斯投资的第一只“春燕”，也是除能源项目外，中国企业在俄罗斯投资的第一个大型投资项目，为其他企业投资俄罗斯提供了参考。此外，中国在对俄罗斯投资中也积极尝试新的模式，如股权收购和特许经营等模式。例如，中石化与俄罗斯石油联合收购的乌德穆尔特石油公司、中国华电香港有限公司与俄罗斯第二地区电力股份公司成立合资企业，在雅罗斯拉夫尔获得热电站建设的特许经营权。可见，中国企业在俄罗斯投资的方式已逐渐转向多元化。

2. 投资前景

商务部会同国家开发银行与俄罗斯远东发展部共同编制《中俄在俄罗斯远东地区合作发展规划（2018—2024 年）》，为中国企业在俄罗斯远东地区开展经贸和投资领域活动提供了明确的指导。同时，该规划指出俄罗斯在农业方面将承诺为中国投资者参与的项目提供土地和优惠融资。但整体而言，相较于其他合作较为成熟的国家，中俄投资合作仍处于起步阶段，中国投资者需要更深入地了解俄罗斯的社会经济动态、行业发展趋势和投资政策变化等情况，从而更好地开展对外投资活动。

四、韩国

（一）对韩国直接投资现状

韩国作为东亚发达国家之一，有着较好的经济和工业基础。中国与韩国无论是在人文方面还是经济结构上都有着很强的互补性，经贸合作将推动两国关系不断深化和发展。因此，中国企业对韩国的投资环境还是具有一定信心的。2015 年两国正式签订《中华人民共和国政府和大韩民国政府自由贸易协定》，进一步加强中韩两国在贸易、科技、财经、投资等领域的合作。商务部统计的数据显示，2018 年中国对韩国直接投资流量达到 10.33 亿美元，同比增长 56.28%（图 2-10）。一方面，反映出中韩两国在经贸关系上开始回暖。另一方面，韩国本土先进的现代技术和科技产业深深地吸引着中国企业。面对产业转型升级和国际市场的双重压力，韩国在机械装备、精密仪器、医疗器械、金属、金属加工等行业的比较优势激起了中国企业的投资兴趣。随着“中国制造 2025”战略的推进，中国企业将进一步加大在韩国的投资。

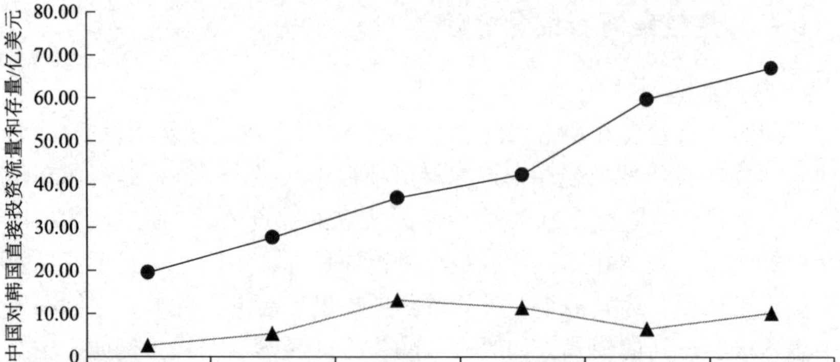

	2013年	2014年	2015年	2016年	2017年	2018年
▲ 投资流量	2.68	5.48	13.24	11.48	6.61	10.33
● 投资存量	19.63	27.71	36.98	42.37	59.83	67.10

图 2-10　2013—2018 年中国对韩国直接投资流量和存量

资料来源：根据 2013—2018 年度《中国对外直接投资统计公报》整理而得

（二）典型案例和投资前景

1. 典型案例

近年来，中国企业深耕韩国投资领域，加快国际化和多元化进程。2019 年 10 月，中国银联商务股份有限公司旗下子公司银联商务国际控股有限公司正式入股韩国 BC 卡公司旗下的子公司 Smartro。这次收购再次展现银联国际业务迈向国际化与多元化，积极参与全球电子支付市场的建设。该项目将给中韩企业在智能支付、智能终端的研发和跨国间的业务整合等领域带来新的合作机遇。除了金融领域外，韩国另一优势产业——通信技术也受到中国企业的关注。自 5G 技术进入民用市场后，华为启动建设韩国实验室项目，借助韩国在通信技术方面的优势，同时与中小企业进行合作，共同打造开放的 5G 生态系统。

2. 投资前景

经历了 2017 年萨德风波后，中韩两国投资活动正走向活跃。2017 年 10 月，韩国银行与中国人民银行续签货币互换协议，规模为 560 亿美元①。协议的续签预示着中韩两国国家层面经济合作的进一步升级，有利于加快从贸易向投资、结算等领域的拓展。在此利好背景下，赴韩国投资的中国企业在资金上的限制将大大减少。

① 资料来源：《简讯：韩中续签货币互换协议》，2017 年 10 月 13 日，https://cn.yna.co.kr/view/ACK20171013001300881[2020-08-21]。

五、印度尼西亚

（一）对印度尼西亚直接投资现状

印度尼西亚是东盟第一大国，也是“一带一路”建设的重要节点。自“一带一路”倡议提出以来，中国对印度尼西亚直接投资持续增加。由图 2-11 可知，自 2014 年起至 2018 年，中国对印度尼西亚的直接投资流量持续上升，同时投资存量保持稳步增长，截至 2018 年末已达到 128.11 亿美元。2018 年印度尼西亚实际吸引外资 293.1 亿美元，其中来自中国的投资资金为 23.8 亿美元，占比 8.1%[①]。中国连续三年成为印度尼西亚第三大外资来源国。中国对印度尼西亚投资领域不断扩大，过去主要关注矿产冶炼、基础设施等行业，现已延伸到制造业、旅游业等领域。同时，中国在基础建设、交通运输设备等方面的优势成为印度尼西亚欢迎中资企业投资的主要原因。

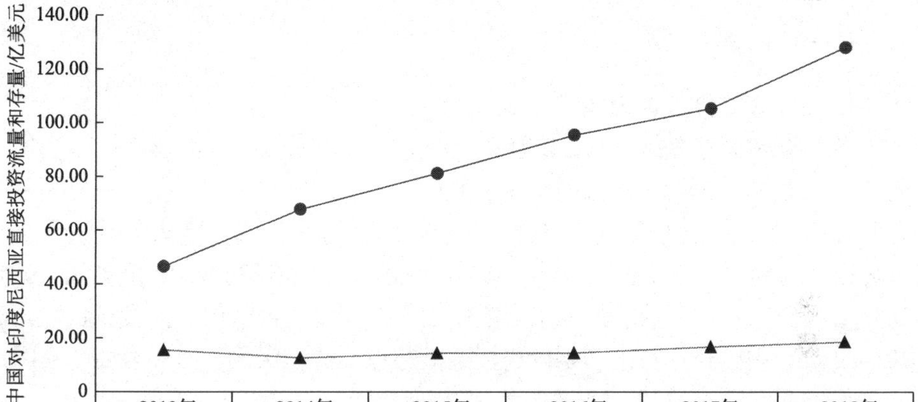

	2013年	2014年	2015年	2016年	2017年	2018年
▲投资流量	15.63	12.71	14.50	14.60	16.82	18.64
●投资存量	46.56	67.93	81.25	95.45	105.30	128.11

图 2-11　2013—2018 年中国对印度尼西亚直接投资流量和存量

资料来源：根据 2013—2018 年度《中国对外直接投资统计公报》整理而得

（二）典型案例和投资前景

1. 典型案例

作为中国投资印度尼西亚的重点项目，青山工业园区是打造了投资双赢的典范。2013 年，中国青山控股集团在印度尼西亚兴建青山工业园区，建造全球镍铁和不锈钢生产基地，年均产量 100 亿美元，提供就业岗位 3.5 万个。作为首批支

① 资料来源：《2018 年印尼投资情况概述》，2019 年 2 月 25 日，http://www.cic.mofcom.gov.cn/article/economicandtrade/investmentopportunity/201902/408288.html[2020-08-21]。

持和响应“一带一路”倡议的企业，青山控股集团深耕印度尼西亚本土产业发展，积极提高当地人民收入和生活质量，成为中国企业成功投资印度尼西亚的重要标杆。

2. 投资前景

中国与印度尼西亚在投资合作方面已有较多成功的经验，极大地激发起了国内其他企业投资的兴趣。虽然印度尼西亚是东南亚地区经济较发达的国家，但由于经济结构的不合理和国内政策环境的影响，国内经济发展速度相对缓慢，政府投资计划存在资金缺口，这对有意投资当地的中国企业来说是一个难得的机遇。一方面，印度尼西亚基础设施相对落后，中国企业可利用电力、桥梁和高铁等技术实现优势互补。另一方面，印度尼西亚有着丰富的自然资源和良好的产业发展潜力，十分适合中国企业开展直接投资，以实现国际产能转移、生产链全球化。

六、其他新兴经济体

（一）南非

1. 对南非直接投资现状

中国与南非的投资合作日趋紧密。一方面，中国在南非的投资规模在扩大。如图 2-12 所示，2013 年至 2018 年中国对南非直接投资流量、存量虽在部分年份有所回调，但总体呈上升趋势。2018 年，中国对南非的直接投资流量规模约为 6.42 亿美元。截至 2018 年底，中国对南非直接投资存量规模约 65.32 亿美元，虽然与 2017 年相比有小幅回落，但并未影响中国企业在南非投资的意向和积极性。截至 2018 年底，中国企业在南非累计投资金额超过 100 亿美元。另一方面，中国在南

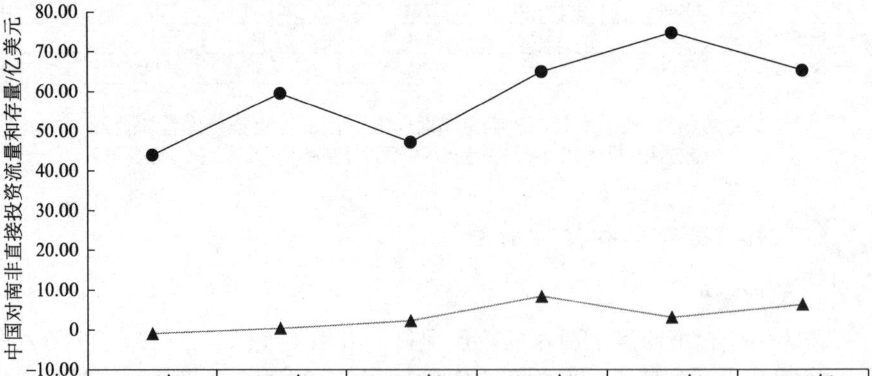

	2013年	2014年	2015年	2016年	2017年	2018年
▲投资流量	−0.89	0.42	2.33	8.43	3.17	6.42
●投资存量	44.00	59.54	47.22	65.01	74.73	65.32

图 2-12　2013—2018 年中国对南非的直接投资流量和存量

资料来源：根据 2013—2018 年度《中国对外直接投资统计公报》整理而得

非投资质量在持续提高。随着投资规模的扩大，中国对南非投资行业领域也在不断扩展，除了矿业、金融业、制造业和房地产业等传统领域外，近年来，传媒、农业和新能源等行业也成为中国企业新的投资方向。在投资方式上，中国企业更倾向以投资并购的方式在南非进行投资。

2. 典型案例和投资前景

1）典型案例

南非是中国在非洲重要的合作伙伴，也是主要投资国之一。2015 年，北汽集团与南非工业发展公司达成投资合作协议，合资建设北汽南非工厂基地，为南非及周边国家提供北汽全系自主品牌产品。2018 年，该项目首款产品在南非组装成功下线，标志着北汽集团在南非生产基地已具备生产能力。该项目是中国企业在南非投资的成功案例，既实现了中国国际产能与南非产业的有效对接，也促进了南非工业经济升级转型，形成了中南两国合作共赢新局面。

2）投资前景

“一带一路”倡议给中南两国合作发展带来了新机遇，但南非经济存在不少问题，中国企业到南非开展直接投资机遇与风险并存。首先，2019 年中国与南非建交 21 周年，经贸合作正走深走实，相互投资也呈现出快速发展的良好态势。其次，南非政府积极倡导招商引资。由于南非在国际金融危机后经济增长乏力，国内产业发展滞后、失业率高和贫穷等一系列问题突出，新总统上任后，将招商引资、发展经济作为首要任务。因此，中国企业可以考虑借助南非进入到南部非洲的其他国家、地区，利用南非的地缘优势、销售渠道等开拓更广阔的市场。但是，2019 年末国际货币基金组织（International Monetary Fund，IMF）在一份报告中预测南非中期的经济增长前景颇为黯淡，面临经济增长疲软、财政状况恶化及国有企业运营困难等三大挑战。因此，企业在投资前应密切关注南非的经济形势变化，做好充分的调研评估，加强全方位的风险防控，以降低投资风险。

（二）越南

1. 对越南直接投资现状

越南是中国的“邻居”，也是“一带一路”沿线的重要国家。近年来，越南将发展重心转移到经济和产业上，国内经济得到高速发展。2018 年，越南国民生产总值约 2390 亿美元，涨幅达 7.08%，增长速度无论是在亚洲地区还是世界范围内都属领先水平[①]。

在“一带一路”倡议影响下，中国对越南的投资日益增多。如图 2-13 所示，

① 资料来源：《2018 年越南 GDP 创十年来新高》，2018 年 12 月 29 日，https://www.imsilkroad.com/news/p/126380.html[2020-08-21]。

2013 年至 2016 年中国对越南直接投资流量、投资存量总体上缓慢上升，由于受到 2017 年中国对外资投资监管趋严限制，中国对越南直接投资流量和存量有所下降，但在 2018 年又迎来投资的高潮。截至 2018 年末，中国对越南直接投资存量达 56.05 亿美元。目前，中国对越南投资主要集中于加工制造业、房地产和电力生产行业等。

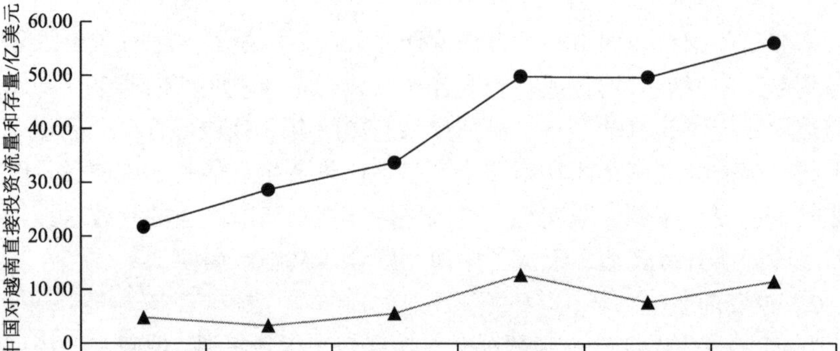

	2013年	2014年	2015年	2016年	2017年	2018年
—▲—投资流量	4.80	3.32	5.60	12.79	7.64	11.51
—●—投资存量	21.67	28.66	33.73	49.83	49.65	56.05

图 2-13　2013—2018 年中国对越南直接投资流量和存量

资料来源：根据 2013—2018 年度《中国对外直接投资统计公报》整理而得

2. 典型案例和投资前景

1）典型案例

越南有着劳动力成本低的优势，对中国企业特别是劳动密集型制造企业有着很大的吸引力。越南永新燃煤电厂一期 BOT 项目是中国企业在越南首个采用 BOT（build-operate-transfer，建设-运营-移交）模式投资的电力项目，该项目在中方企业特许经营期满后将无偿移交给越南。该项目是由中国南方电网有限责任公司与越煤电力有限责任公司共同投资，全部建成投产后能有效缓解越南南部电力紧缺的问题，也有助于完善本土基础设施建设，助力当地经济社会发展。

2）投资前景

中国对越南直接投资机遇与挑战并存。越南的优势在于以下方面：越南共产党和政府执政能力强，能够保证政局基本稳定；劳动力成本相对较低；地理位置优越，港口众多，运输便利；当地投资法律较为完善，为外国投资提供法律保障。但越南也存在不利于外国资本进入的因素，主要包括以下方面：宏观经济稳定性不足，易受国际经济环境影响；劳动力素质有待提高；基础设施建设需进一步完善，产业配套较为落后；当地汇率管制严格；政府部门行政效率较低。综上所述，中国企业应充分权衡越南投资环境的利弊，谨慎投资。

第四节　中国对其他发展中国家的对外直接投资现状

发展中国家是中国重要的合作伙伴，也一直是中国实施“走出去”战略的重要交易对象。中国有责任、有义务加强与发展中国家的经贸合作关系及政治互信联系。随着“一带一路”倡议的推进，中国与独立国家联合体（以下简称独联体）、中东及北非和撒哈拉以南等国家的投资合作正不断深化。

一、独联体地区

（一）对独联体地区直接投资现状

独联体现在成员主要包括阿塞拜疆、亚美尼亚、白俄罗斯、吉尔吉斯斯坦、摩尔多瓦、哈萨克斯坦、俄罗斯、乌兹别克斯坦、塔吉克斯坦等 9 个国家。独联体国家拥有丰富的自然资源，与中国在政治、文化方面的交流日益频繁，加上“一带一路”倡议的推进，中国对独联体国家的投资日益增加。

独联体国家均分布在“一带一路”沿线，是中国对外直接投资的重要目的地，俄罗斯和哈萨克斯坦是其中最重要的两个国家。其中，哈萨克斯坦和俄罗斯在 2017 年中国对外直接投资流量全球分布中分别位居第 8 位和第 12 位，投资存量排在第 17 位和第 10 位①。除此之外，中国在独联体其他国家的直接投资都有着不同程度的增长，2011 年至 2018 年，中国在白俄罗斯的对外投资存量由 0.29 亿美元上升至 5.03 亿美元，增幅超过 16 倍，极大地促进当地产业的转型升级②。2017 年 1 月至 12 月，吉尔吉斯斯坦外商直接投资总额为 5.90 亿美元，其中中国对吉尔吉斯斯坦投资 2.70 亿美元，占比达 45.8%，成为该国第一大外资来源国③。由表 2-4 可知，从 2014 年到 2018 年，中国对独联体国家直接投资流量波动较大，对某些国家的直接投资流量在某些年份甚至出现负值。与此对应的是，中国对独联体国家的投资存量也出现了不同程度的起伏。

在哈萨克斯坦，中国的投资主要集中在能源产业、农业和制造业及基础设施相关的 55 个项目。据美国企业研究所（American Enterprise Institute）公布的数据，15 年来电力行业吸引中国投资额最多，达 242.8 亿美元，而中国对化工行业的投

① 资料来源：《2017 年度中国对外直接投资统计公报》，2018 年 10 月 29 日，http://images.mofcom.gov.cn/hzs/201810/20181029160118046.pdf[2020-08-09]。

② 资料来源：《2011 年度中国对外直接投资统计公报》，2012 年 8 月 30 日，http://aaa.ccpit.org/Category7/Asset/2014/Apr/22/onlineeditimages/file71398159735273.pdf[2020-08-09]；《对外投资合作国别（地区）指南——白俄罗斯》，2019 年 1 月 29 日，http://www.mofcom.gov.cn/dl/gbdqzn/upload/baieluosi.pdf[2020-08-09]。

③ 资料来源：《2017 年中国为吉尔吉斯斯坦第一大投资来源国》，2018 年 5 月 9 日，http://kg.mofcom.gov.cn/article/zxhz/201805/20180502741354.shtml[2020-08-09]。

资额达 37.0 亿美元，交通行业 37.0 亿美元，金属加工采矿业 23.0 亿美元，建筑业 3.5 亿美元，农业 2.4 亿美元，金融业 1.1 亿美元，公共事业 1 亿美元（中国国际贸易促进委员会，2019）。

表 2-4　2014—2018 年中国对独联体部分国家对外直接投资存量和流量（单位：亿美元）

国家	2014 年		2015 年		2016 年		2017 年		2018 年	
	投资流量	投资存量	投资流量	投资存量	投资流量	投资存量	投资流量	投资存量	投资流量	投资存量
哈萨克斯坦	–0.40	75.41	–25.10	50.95	4.88	54.32	20.70	75.61	1.18	73.41
塔吉克斯坦	1.07	7.29	2.19	9.09	2.72	11.67	0.95	16.16	3.88	19.45
吉尔吉斯斯坦	1.08	9.84	1.52	10.71	1.59	12.38	1.24	12.99	1.00	13.93
乌兹别克斯坦	1.81	3.92	1.28	8.82	1.79	10.57	–0.76	9.46	0.99	36.89
阿塞拜疆	0.19	0.55	0.01	0.64	–0.25	0.28	–20.00	0.28	–0.105	0.09
白俄罗斯	0.63	2.58	0.54	4.75	1.61	4.98	1.43	5.48	0.68	5.03

资料来源：《2018 年度中国对外直接投资统计公报》

（二）典型案例和投资前景

1. 典型案例

中国在能源、交通建设、基础设施建设等领域同独联体国家开展了广泛的合作。其中，自 2007 年起，美的集团与白俄罗斯的 Horizont Holding Company 共同成立和经营合资公司，在当地生产微波炉及热水炉。此外，在 2012 年，以香港为总部的国有企业招商局集团参与创立中国-白俄罗斯工业园，又称巨石工业园（Great Stone Industrial Park），预计将营运至 2062 年。而在 2019 年 7 月，由中国国家电投中国电力国际有限公司控股投资建设的札纳塔斯 100 兆瓦风电项目已经动工建设，该项目是目前采用中国资本、中国技术和中国标准在哈萨克斯坦建设的最大风电项目，也是中亚地区目前装机容量最大的在建风电项目。

2. 投资前景

基于良好的政治互信基础，独联体国家一直为中国企业提供稳定的投资环境，随着“一带一路”倡议的推进和中欧班列覆盖范围的扩大，中国与独联体国家进一步互联互通。首先，独联体国家资源储藏丰富，但是开发技术落后导致经济效益低，对环境影响较大，为解决这些问题，独联体国家希望与中国企业共同合作开发能源和资源。其次，独联体大多数国家经济发展速度慢，基础设施较落后，工业现代化程度低，使得外国投资者面临较高的投资成本和风险。中国企业在考虑是否对独联体国家投资及采用何种投资方式等问题时，应深入了解独联体国家的引资政策、营商环境等因素，审慎权衡投资收益、成本和风险，谨慎决策。

二、中东及北非

（一）对中东及北非直接投资现状

中东及北非石油资源丰富，地理位置优越，是亚欧非三大洲的交通要塞。随着中国经济建设速度的不断加快，对石油及天然气的需求越来越大，而投资中东和北非国家油气资源开发领域是保障中国未来油气供给安全的重要途径。另外，中国与中东及北非国家一直保持良好的政治外交关系，有着良好的合作基础，未来合作空间十分广阔。“一带一路”倡议为中国对外直接投资创造了更多的商机和更好的条件，现在正是中国企业投资兴业的大好时机。如表 2-5 所示，从 2014 年开始，中国对以色列投资无论是在流量上还是存量上都有着良好的增长势头，这是由于以色列有着发达的高科技产业，创新创业氛围浓厚，而中国则具有制造能力的优势，双方产业优势互补程度较高，有助于增加投资机会。近年来，中国不少企业纷纷投资以色列发展科技业务，代表企业有百度、阿里巴巴、小米等。根据商务部公布的数据，2019 年上半年，中国对阿拉伯联合酋长国（以下简称阿联酋）直接投资 5.1 亿美元，同比增长 271%（商务部，2019）。这是由于阿联酋实施新投资法允许外国投资者在某些特定的在岸商业领域拥有高达 100%的所有权，这一政策预计将给私人和外国直接投资带来重大影响。在某些年份中国对部分中东及北非国家投资流量出现负数，其原因包括收益再投资为负、债务工具为负值、新增股权为负值等，总体而言投资存量还是有所增加的。

表 2-5　2014—2018 年中国对中东及北非部分国家直接投资存量和流量（单位：亿美元）

国家	2014 年		2015 年		2016 年		2017 年		2018 年	
	投资流量	投资存量	投资流量	投资存量	投资流量	投资存量	投资流量	投资存量	投资流量	投资存量
阿联酋	7.05	23.33	12.69	46.02	−3.91	48.88	6.61	53.72	10.81	64.36
沙特阿拉伯	1.84	19.87	4.05	24.34	0.24	26.07	−3.45	20.38	3.83	25.94
土耳其	1.04	8.81	6.28	13.28	−0.96	10.61	1.91	13.01	3.53	17.33
伊朗	5.92	34.84	−5.49	29.49	3.90	33.31	−3.68	36.24	−5.67	32.34
以色列	0.52	0.86	2.29	3.17	1.84	42.29	1.47	41.48	4.10	46.19
阿尔及利亚	6.65	24.52	2.11	25.31	−0.99	25.52	−1.41	18.34	1.79	20.62
埃及	1.62	6.57	0.81	6.63	1.19	8.89	0.93	8.35	2.22	10.79
苏丹	1.75	17.47	0.32	18.09	−6.89	11.04	2.54	12.01	0.57	13.25

资料来源：《2018 年度中国对外直接投资统计公报》

（二）典型案例和投资前景

1. 典型案例

中东由于拥有独特的地理位置和能源储备优势，成为中国企业未来对外直接投资的重要目的地，中国企业在中东及北非地区的投资结构日益多元化，在传统的能源产业、制造业、基础设施建设、电子通信、零售商贸等多个领域与东道国开展国际产能合作。2019 年，中国轮胎制造商路霸在阿联酋阿布扎比哈利法工业区投资 22 亿迪拉姆（约合 6.14 亿美元）建厂生产轮胎，预计于 2020 年投入运营，前期计划产能达 300 万套轿车子午线轮胎和 100 万套卡车与公共汽车子午线轮胎。在北非最成功的案例为埃及的巨石埃及项目，该项目刷新了多项海外投资项目记录。首先，它是中国在海外建设的首条大型玻璃纤维生产线，所用技术均是中国自主创新研发的。其次，该项目投产时间只用了五年，体现了“中国速度”。最后，该项目提供了 2000 多个直接就业岗位，推动了埃及产业发展和提高了当地居民的生活水平。

2. 投资前景

该地区拥有丰富的能源资源和矿产资源，过去高度依赖石油和天然气等能源产业发展国内经济，除了以色列、阿联酋之外，其他国家的产业结构较为单一。因此，该地区大部分国家都在积极发展招商引资，建设基础设施和发展产业多元化，提升国民经济发展质量。例如，为了加快国内交通基础设施发展，约旦在 2019 年修订“国家铁路计划”，准备建设现代化货运铁路网连通国内主要城市，提高矿产资源的运输速度。因此，中国企业可以抓住该地区发展趋势，帮助中东北非地区推动经济和产业结构多元性发展。随着信息技术的普及和生活水平的不断提高，由于该地区急需补上在物联网、大数据、云计算和区块链等产业的短板，中国企业可以借助目前领先的技术优势在这一地区寻找合适的投资目标。

三、撒哈拉以南非洲

（一）对撒哈拉以南非洲直接投资现状

随着中非合作机制强化，企业合作领域不断拓展，中国对撒哈拉以南非洲直接投资流量和存量也在不断增加。撒哈拉以南的非洲地区地域广阔，自然资源丰富，是发展中国家最集中的地区之一，部分国家经济增长速度较快，发展潜力巨大。这个地区工业以采矿业为主，商品化程度低，经济模式以出口初级矿石和农产品为主，经济基础薄弱，经济发展空间较大。随着中非经贸合作的不断加深，“一带一路”倡议在非洲的影响力持续扩大，中国企业在基础设施建设的优势逐渐凸显。2013—2018 年，中国在撒哈拉以南非洲基础设施建设投资年均达到 120 亿美元，主要涉及公路、海运等交通设施建设，极大地改善了当地人民的生活水平，提高了区域内人员、货物、资金的流动效率，加快了经济的运转效率。从投资存量看，截至 2018 年末，中国企业在非洲地区的 40 多个国家开展了投资，主要分布在赞比亚、尼日利亚、埃塞俄比亚、肯尼亚、坦桑尼亚、加纳、安哥拉、乌干达等。由图 2-14 可以看出，中国在 2018 年对非洲投资主要流向安哥拉、肯尼亚、刚果（金）、南非、赞比亚、几内亚、苏丹、埃塞俄比亚、尼日利亚等国家。其中，对刚果（金）和南非投资流量最高。近年来，这些国家不断优化国内投资环境，营造良好的营商环境，降低投资门槛，扩大投资领域，这些措施促使了中国企业不断加大在当地的投资力度。

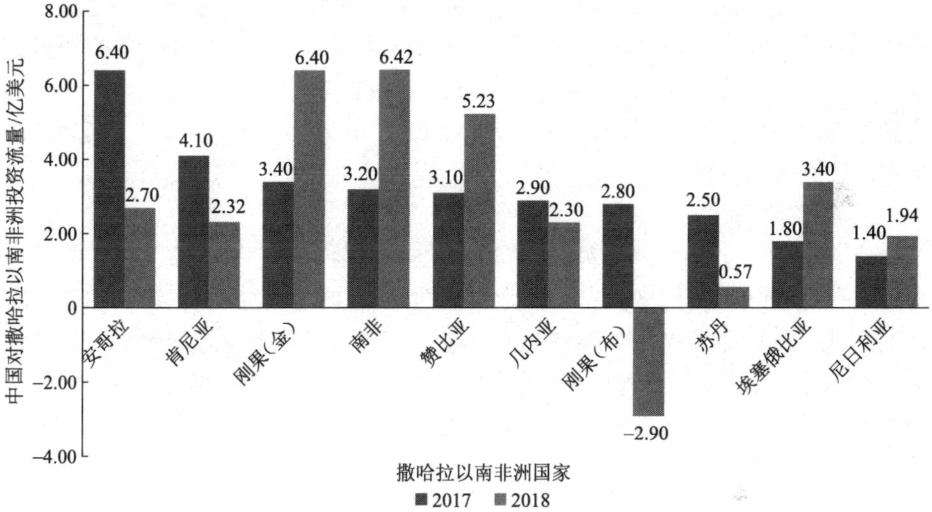

图 2-14　2017—2018 年中国对撒哈拉以南非洲投资流量国别统计

资料来源：根据 2017—2018 年度《中国对外直接投资统计公报》整理而得

中国对撒哈拉以南非洲国家的投资领域相对集中，由表 2-6 可以看出，主要集中在建筑业和采矿业。其中，2018 年末建筑业投资存量 147.6 亿美元，占比为 32.0%。采矿业投资存量 104.8 亿美元，占比为 22.7%。中国企业对撒哈拉以南非洲产业投资逐渐多元化，除了建筑业、采矿业和制造业等传统产业外，也在加大

表 2-6　2018 年末中国对撒哈拉以南非洲直接投资存量行业分布和占比

行业	投资存量/亿美元	占比
建筑业	147.6	32.0%
采矿业	104.8	22.7%
金融业	50.7	11.0%
制造业	59.7	13.0%
租赁和商务服务业	29.7	6.4%

资料来源：根据《2018 年度中国对外直接投资统计公报》整理而得

对商务服务和数字经济等新兴领域投资，推动撒哈拉以南非洲融入全球产业链。

（二）典型案例和投资前景

1. 典型案例

撒哈拉以南非洲经济发展较为落后，近年来各个国家为了推动经济发展和改善民生，也纷纷制定引资政策，吸引中国企业到当地投资。2019 年，中国企业在撒哈拉以南非洲投资的首个国际标准五星级酒店项目竣工，该项目坐落在坦桑尼亚尼雷尔广场，除了提供酒店餐饮等服务业外，也将成为当地未来的金融中心，极大促进了当地金融业和服务业的发展。2018 年，被认为“中国产能出海最成功案例”的华坚集团在埃塞俄比亚的投资项目，深耕埃塞俄比亚的制造业，2018 年销售额达 3600 万美元，同比增长 18.7%，共雇用当地员工超 6000 人，为当地经济发展做出了巨大的贡献①。

2. 投资前景

中非合作历史悠久，有着巨大的发展空间，随着“一带一路”倡议的推进和该地区引进外资力度的加大，中国企业将迎来对非洲投资的新机遇。随着合作的不断深化，中国企业可以加强在交通、电信、电力等基础设施的投资，另外信息业、金融服务业等新兴产业也是日后投资的重点。需要注意的是，该区域存在经济和政治不稳定要素，投资企业在选择投资目标国和领域时需做好政策与市场的调研，降低投资风险。

四、拉丁美洲

（一）对拉丁美洲直接投资现状

近年来，拉丁美洲各国政治环境稳定，经济发展态势良好，是中国企业“走出去”的重要目标市场之一。随着“一带一路”倡议的推进，双方的合作关系越来越密切。《2018 年度中国对外直接投资统计公报》显示，2018 年中国在拉丁美洲地区的投资流量 146.1 亿美元，占当年对外直接投资流量的一成。截至 2018 年末，中国在拉丁美洲地区的直接投资存量为 4067.7 亿美元，占中国对外直接投资存量的 20.5%（商务部等，2019）。由图 2-15 可以看出，2013—2018 年中国对拉丁美洲的直接投资流量有所变化，其中直接投资流量变化较大的是 2016 年，同比增长达到 115.9%。由于开曼群岛和英属维尔京群岛拥有先天的政策优势，吸引了大批中国企业前往“避税天堂”进行海外投资，2017 年其累计吸收中国对外直接投资存量 3717.4 亿美元，占中国对拉丁美洲地区投资存量的 96.1%。投资资金主

① 资料来源：《华坚集团：在非洲写下“一带一路”佳话》，2019 年 5 月 10 日，http://www.acfic.org.cn/fgdt1/minqifengcai/201905/t20190510_121590.html[2020-08-09]。

要流向开曼群岛、英属维尔京群岛，而对其他国家投资相对较少，2018 年中国流向拉丁美洲的投资中，主要流向英属维尔京群岛（71.5 亿美元）、开曼群岛（54.7 亿美元）、巴西（4.3 亿美元）、墨西哥（3.8 亿美元）、委内瑞拉（3.3 亿美元）（商务部等，2019）。但是，由于中国在近年加大了海外企业避税逃税的审查力度，中国对拉丁美洲地区的直接投资流量同比下降半成，降幅较大，估计未来流向拉丁美洲的投资资金将继续减少。

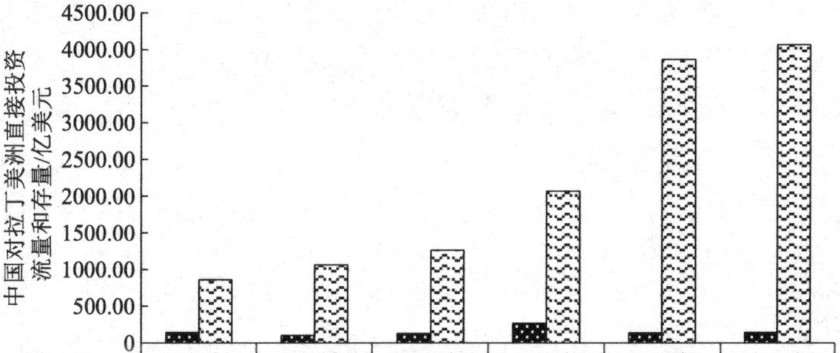

	2013年	2014年	2015年	2016年	2017年	2018年
投资流量	143.60	105.40	126.10	272.30	140.80	146.10
投资存量	860.90	1061.10	1263.20	2071.50	3868.90	4067.70

图 2-15　2013－2018 年中国对拉丁美洲直接投资流量和存量

资料来源：根据 2013—2018 年度《中国对外直接投资统计公报》整理而得

随着信息技术的广泛应用和国民经济的不断发展，加之产业转型升级的需要，中国在拉丁美洲投资的方向也发生了较大的改变。截至 2018 年末，中国企业对拉丁美洲国家投资主要集中在以下领域：信息传输/软件和信息技术服务业、租赁和商务服务业、批发和零售业、采矿业、金融业等，投资存量为 3527.2 亿美元，占比重高达九成（图 2-16）。其中以信息传输/软件和信息技术服务业增速最为显著，

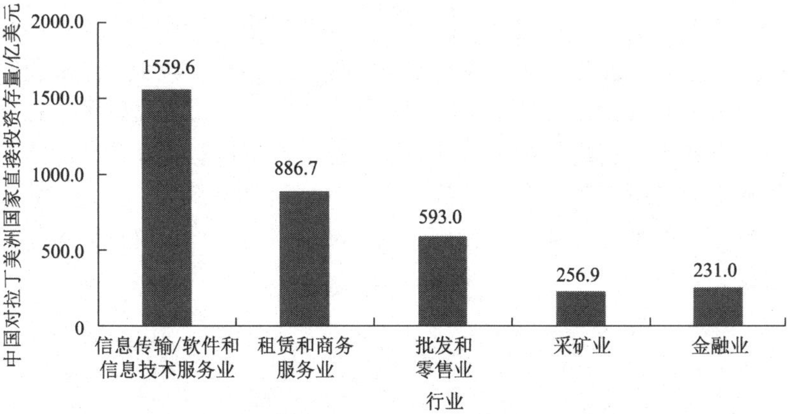

图 2-16　2018 年末中国对拉丁美洲国家直接投资存量前五位行业分布

资料来源：根据《2018 年度中国对外直接投资统计公报》整理而得

排名超越租赁和商务服务业位居第一。相比之下，租赁和商务服务业、批发和零售业、金融业、采矿业的占比都有较大幅度下降。

（二）典型案例和投资前景

1. 典型案例

中国在拉丁美洲投资项目日趋多元化，海航集团在 2017 年以约 10.7 亿巴西币的价格收购了巴西加利昂国际机场（GIG 机场）运营公司 CARJ 控股股东 RJA 不超过 51%的股权[①]。该机场是巴西第二大机场，也是南美洲的重要交通枢纽，这显然是海航集团践行“一带一路”倡议的重要一步。2018 年，复星集团宣布收购巴西机构经纪及财富管理公司（Guide Investimentos S.A.），收购价格为 1.7 亿雷亚尔（约合 5200 万美元）。此次收购助力复星集团在巴西打造金融领域的新平台，体现其在拉丁美洲持续加强投资及布局的策略。

2. 投资前景

随着中国与拉丁美洲经济贸易交流的日益密切，拉丁美洲各国将会成为中国企业投资的重要目标国之一。由于该地区大部分国家基础设施落后，产业发展速度较慢，这恰好为中国企业提供良好的投资机遇，双方共同发展合作伙伴关系，以投资促进当地经济发展，推动产业升级转型，提升当地人民的生活水平。2017 年以来，中国与拉丁美洲国家建立了“中拉全面合作伙伴关系+全面战略伙伴关系+战略伙伴关系+多种友好关系”的立体化合作格局，为全面深化投资合作打下了坚实的基础。

第五节　中国对外直接投资的总体状况研判

从对外直接投资历史和现状可以看出，随着中国对外投资不断向前发展，投资日趋理性，投资领域走向多元化。本节从宏观、中观、微观三个层面研判中国对外直接投资的总体状况。从宏观层面看，中国对外投资规模较大，在全球的影响力也在不断扩大，境内投资者数量持续增加，投资结构不断优化；从中观层面看，中国企业对外直接投资涉足的行业广泛；从微观层面看，跨国并购已成为中国企业进行对外投资的主要方式，企业收益再投资占对外投资的比重超过四成，经营状况良好。

---

① 资料来源：《海航基础拟获得巴西里约最大机场特许经营权》，2017 年 7 月 16 日，http://caacnews.com.cn/1/6/201707/t20170717_1219332_wap.html[2020-08-21]。

一、对外直接投资规模较大，主体结构不断优化

本部分从宏观上对中国对外直接投资的现状进行分析和研判，以准确识别中国对外直接投资的发展现状。现阶段，中国对外直接投资存在以下趋势：在全球的影响力不断扩大，规模较大；境内投资者数量持续增加，投资结构不断优化，对外投资持续健康发展。

（一）中国对外直接投资的整体规模较大，总体发展态势良好

中国对外直接投资规模呈快速增长趋势。一方面，如图 2-17 所示，2017 年中国对外直接投资流量为 1582.9 亿美元，较 2016 年的 1961.5 亿美元下降了 378.6 亿美元，自 2003 年以来，首次出现负增长。而 2018 年中国对外直接投资流量为 1430.4 亿美元，跌幅略微收窄。另一方面，2018 年中国对外直接投资流量是 2002 年的 53 倍，且自 2016 年起中国对外投资占全球比重已连续三年超过 10%。从总体趋势看，2002—2018 年中国对外投资的年均增长率高达 28.2%，而 2013—2018 年累计流量达 8742.1 亿美元，占对外直接投资存量规模的 44.1%[①]。

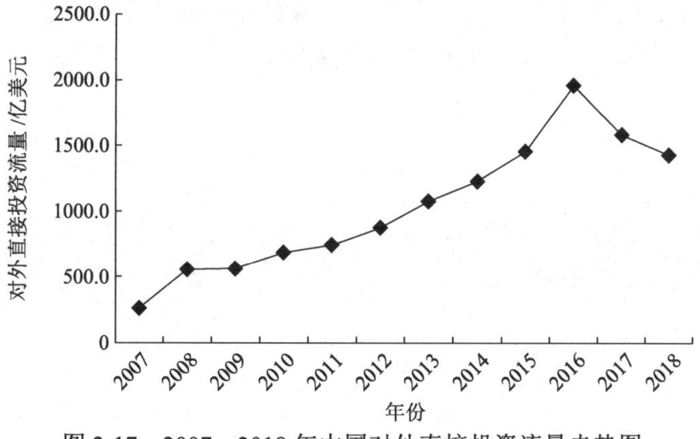

图 2-17　2007—2018 年中国对外直接投资流量走势图

资料来源：根据中国历年对外直接投资统计公报整理而得

近年中国对外直接投资流量规模始终占据世界前列。2018 年，全球外国直接投资流出流量 1.01 万亿美元。2018 年日本以 1431.6 亿美元位居世界第一，占全球流量的 14.1%；2018 年中国对外直接投资分别占全球流量、存量的 14.1%和 6.4%，流量位列全球第二位，存量位列全球第三位（图 2-18）。可以看出，中国对外直接投资的整体规模仍然较大。

---

① 资料来源：中国历年对外直接投资统计公报。

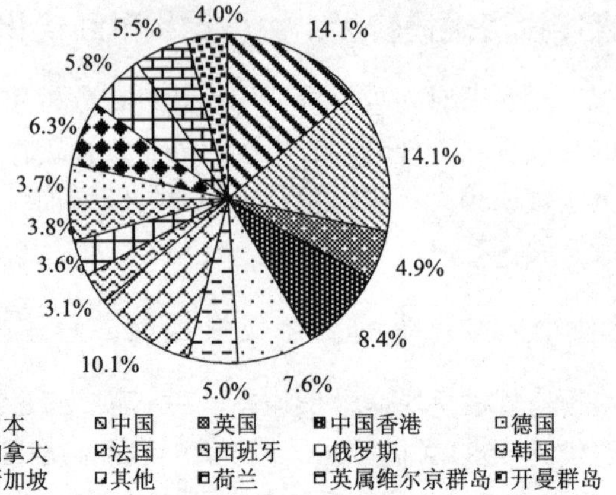

图 2-18　2018 年全球主要经济体对外直接投资流量占比

资料来源：根据《2019 年世界投资报告》整理而得

（二）中国对外直接投资主体数量递增，主体结构不断优化

中国对外直接投资主体数量不断增多。对外投资者数量从 2010 年末的 1.30 万家增至 2018 年末的 2.71 万家（图 2-19）。从趋势上看，2010 年至 2015 年，对外投资者数量不断增加，2016 年经历小幅下降后又呈现上升的趋势。

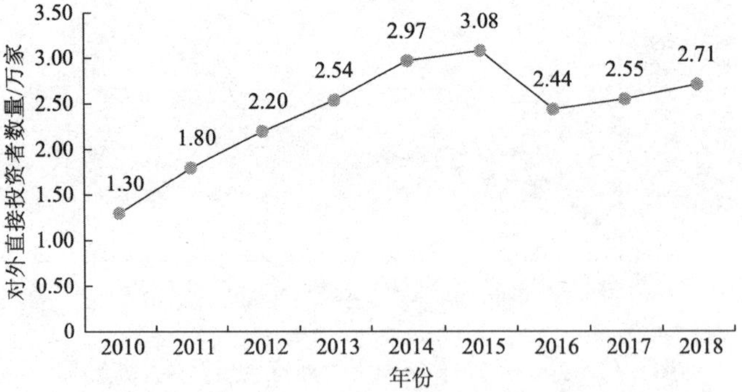

图 2-19　2010—2018 年中国对外直接投资者数量规模

资料来源：根据中国历年对外直接投资统计公报整理所得

从中国工商行政管理部门登记注册情况看，境内投资者的构成中，2018 年有限责任公司有 11 787 家，占比为 43.6%，是中国对外投资占比最大、最为活跃的群体，较 2017 年增长了 11.44%；私营企业有 6583 家，占比为 24.4%，位列第二；股份有限公司有 3013 家，占比为 11.1%；外商投资企业有 1347 家，占比为 5.0%；国有企业有 1335 家，占比为 4.9%（表 2-7）；其他类型企业有 783 家，占比为 2.9%。可以看出，中国“走出去”主体类型朝多样化方向发展，“走出去”主体

结构不断优化。

表 2-7　2016—2018 年境内投资者按登记注册类型分类情况

投资者类型	2018 年	2017 年	2016 年
有限责任公司/家	11 787	10 577	10 536
私营企业/家	6 583	6 570	6 386
股份有限公司/家	3 013	2 790	2 474
外商投资企业/家	1 347	1 280	1 175
国有企业/家	1 335	1 422	1 268
港、澳、台商投资企业/家	999	854	776
个体经营/家	654	646	593
股份合作企业/家	429	465	498
集体企业/家	96	94	113
其他/家	783	831	583
合计/家	27 026	25 529	24 402

资料来源：根据国家工商行政管理部门公布的资料整理而得

综上所述，从宏观层面看，2018 年中国对外投资流量跌幅较 2017 年有所下降，但总体来说，中国对外投资规模仍然较大，在全球的影响力也在不断扩大，境内投资者数量增加，投资主体结构持续优化，对外投资持续健康发展。

二、对外投资区域覆盖面广，投资结构持续优化

随着对外开放战略的不断深化，中国对外直接投资逐渐覆盖全球区域。通过研究中国对外投资的发展现状发现，中国企业对外直接投资区域分布广，投资覆盖率高，高新技术领域投资比重逐渐上升，投资结构不断优化。

（一）中国企业“走出去”区域覆盖面广，地缘特征显著

中国境外企业覆盖全球超过 80%的国家（地区），覆盖面极大且地缘特征显著。由表 2-8 可以看出，中国企业对外投资已遍布六大洲，且覆盖率均超过一半以上。截至 2018 年末，中国境内投资者共计在全球 188 个国家（地区）设立了境外企业约 4.29 万家，较 2017 年增加了 3600 多家，遍布全球 80%的国家（地区），其中在亚洲的境外企业覆盖率高达 97.9%，仅次于其后的分别是欧洲、非洲，而北美洲的覆盖率连续几年都为 75.0%，大洋洲覆盖率最低，仅为 50.0%（表 2-8）。从数据可直观看出，基于地缘因素，中国对外直接投资地区集中在亚洲、欧洲与非洲等，企业覆盖率都超过 80.0%。而这些地区正是“一带一路”建设所覆盖的

地区，加之亚洲各国在政治、文化和经济背景较为相似，中国企业更倾向在亚洲地区进行对外直接投资。

表 2-8　2014—2018 年中国境外企业在各洲覆盖率

地区	2014 年	2015 年	2016 年	2017 年	2018 年
亚洲	97.9%	97.9%	97.9%	97.9%	97.9%
欧洲	85.7%	85.7%	87.8%	87.8%	87.8%
非洲	86.7%	86.7%	85.0%	86.7%	86.7%
北美洲	75.0%	75.0%	75.0%	75.0%	75.0%
拉丁美洲	60.4%	60.4%	60.4%	60.4%	60.4%
大洋洲	50.0%	50.0%	50.0%	50.0%	50.0%

资料来源：根据 2014—2018 年度《中国对外直接投资统计公报》整理而得

近年来，中国境外企业数量在各大洲的分布情况也出现了较大的变化。2018 年，中国在亚洲设立的境外企业数量占比最大，高达 57.0%，较 2010 年的 53.4% 增长了约 3.6 个百分点。从 2013 年起，在欧洲和非洲设立的中国境外企业数量的占比呈下降趋势，而分布在拉丁美洲、北美洲和大洋洲的境外企业数量占比则整体呈上升趋势（图 2-20）。

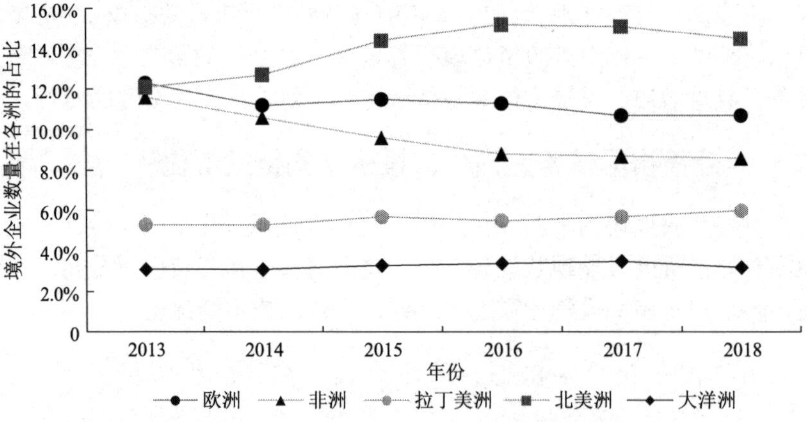

图 2-20　2013—2018 年中国境外企业数量在各洲的占比
资料来源：根据 2013—2018 年度《中国对外直接投资统计公报》整理而得

（二）中国企业对外直接投资行业分布广泛，投资结构不断优化

中国境外企业投资领域广，相对集中在批发和零售业、制造业、租赁和商务服务业等行业。从主要行业看，2017—2018 年，境外企业主要分布在租赁和商务服务业、批发和零售业、制造业，三个行业境外企业总数占比超过六成。部分行

业，如建筑业、信息传输/软件和信息技术服务业、科学研究和技术服务业，2018年的比重都比上年有所上升，而批发和零售业、制造业和采矿业比重均有所下降（表2-9）。中国境外企业基本涵盖了所有行业，且在信息传输/软件和信息技术服务业及科学研究和技术服务业的数量持续增多，说明中国企业加大在产业链顶端的投资力度，旨在推动产业多元化发展。

表2-9　2017—2018年末境外企业的行业分布情况

行业	2017年		2018年	
	境外企业数量/家	比重	境外企业数量/家	比重
批发和零售业	11 136	28.4%	12 056	28.1%
制造业	8 056	20.5%	8 577	20.0%
租赁和商务服务业	5 087	13.0%	5 592	13.0%
建筑业	2 782	7.1%	3 261	7.6%
信息传输/软件和信息技术服务业	2 022	5.2%	2 383	5.6%
农、林、牧、渔业	1 769	4.5%	1 897	4.4%
科学研究和技术服务业	1 707	4.4%	1 954	4.6%
采矿业	1 510	3.9%	1 524	3.6%
交通运输、仓储、邮政业	1 092	2.7%	1 181	2.8%
居民服务、修理与其他服务业	932	2.4%	972	2.3%
房地产业	879	2.2%	877	2.0%
电力、热力、燃气及水的生产与供应业	571	1.5%	675	1.6%
文化、体育与娱乐业	514	1.3%	546	1.3%
金融业	459	1.2%	587	1.4%
住宿与餐饮业	374	1.0%	407	0.9%
教育	135	0.3%	168	0.4%
其他	180	0.4%	205	0.4%
合计	39 205	100.0%	42 872	100.0%

数据来源：根据2017—2018年度《中国对外直接投资统计公报》整理而得

从部分行业占比的变化看，投资批发和零售业的境外企业数量占比从2015年的29.4%下降到2018年的28.1%；投资制造业的境外企业数量占比也呈相似的趋势；而投资信息传输/软件和信息技术服务业的境外企业数量占比则不断上升，从2015年的3.6%上升到2018年的5.6%；投资科学研究和技术服务业的境外企业数量占比也有上涨的趋势（表2-10）。可以看出，中国的境外企业投资越来越青睐于高附加值、高科技行业，相关行业境外企业数量的比重不断增大，说明中国对外直接投资的结构在不断优化。

表 2-10　2015—2018 年中国境外企业数量在部分行业所占比重

行业	2015 年	2016 年	2017 年	2018 年
批发和零售业	29.4%	28.7%	28.4%	28.1%
制造业	21.4%	20.8%	20.5%	20.0%
租赁和商务服务业	13.2%	13.2%	13.0%	13.0%
建筑业	6.4%	6.4%	7.1%	7.6%
采矿业	4.6%	4.1%	3.9%	3.6%
信息传输/软件和信息技术服务业	3.6%	4.7%	5.2%	5.6%
金融业	1.5%	1.3%	1.2%	1.4%
科学研究和技术服务业	4.2%	4.3%	4.4%	4.6%

资料来源：根据 2015—2018 年度《中国对外直接投资统计公报》整理而得

综上所述，从中观层面看，中国境外企业在全球范围的覆盖率较高，境外企业数量逐年增多。在地区分布上，在拉丁美洲、北美洲和大洋洲设立的境外企业数量占比整体呈上升趋势；中国境外企业投资的领域广泛，同时投资高新技术行业的境外企业数量的比重也越来越大。

三、对外投资主要方式

2016 年起，跨国并购已成为中国企业对外投资的主要方式。随着投资方式的不断优化，对外投资格局发生了重大变化，投资结构更加合理。本部分从中国企业对外投资的方式、对外直接投资流量构成情况两个指标入手，从微观层面聚焦中国企业“走出去”的发展现状。

（一）跨国并购已成为对外投资主要方式

中国企业对外投资并购十分活跃，占对外投资的比重较大。2018 年中国企业共实施完成并购 433 起，涉及 63 个国家（地区），实际交易总额 742.3 亿美元，投资规模基本与上年持平①。由图 2-21 可以看出，2016 年并购金额占当年对外投资流量的 68.99%，较 2015 年的 37.37%上涨了约 31 个百分点，而 2017 年并购金额占当年对外投资流量的 75.57%，较 2016 年的 68.99%上涨了约 6 个百分点，虽

① 资料来源：《2018 年中国企业“走出去”》，2019 年 12 月 30 日，http://www.fx361.com/page/2019/1230/6241661.shtml[2020-08-09]。

然 2018 年并购金额占比下降到 51.89%，但也已超过了五成，说明从 2016 年起，跨国并购成为企业进行对外投资的主要方式。

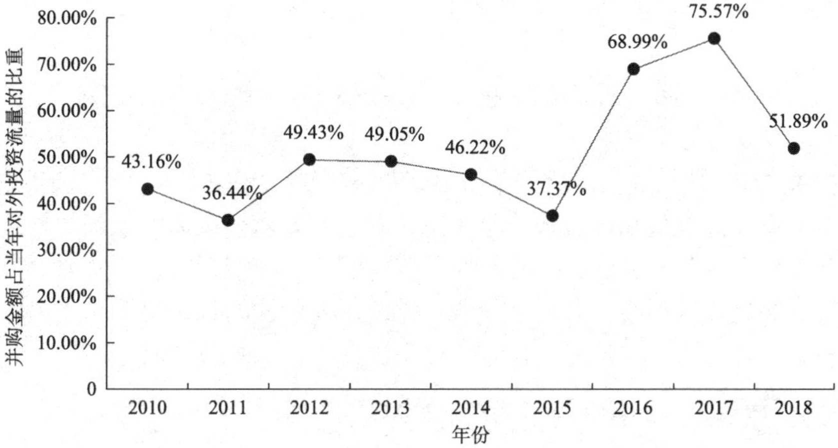

图 2-21　2010—2018 年中国跨国并购实际交易金额占当年对外投资流量的比重
资料来源：根据 2010—2018 年度《中国对外直接投资统计公报》计算而得

（二）新增股权占比过半，债务工具投资有较大增长

2018 年，中国对外投资构成处在调整阶段。从对外直接投资流量构成上看，2018 年中国企业在海外新增股权投资规模达 704.0 亿美元，约占流量总额的 49.2%；债务工具投资（仅包括对外非金融类企业）为 301.1 亿美元，占比为 21.1%；2018 年中国境外企业的经营情况良好，超七成的企业盈利或持平，当年收益再投资 425.3 亿美元，占同期中国对外直接投资流量的 29.7%（图 2-22）。

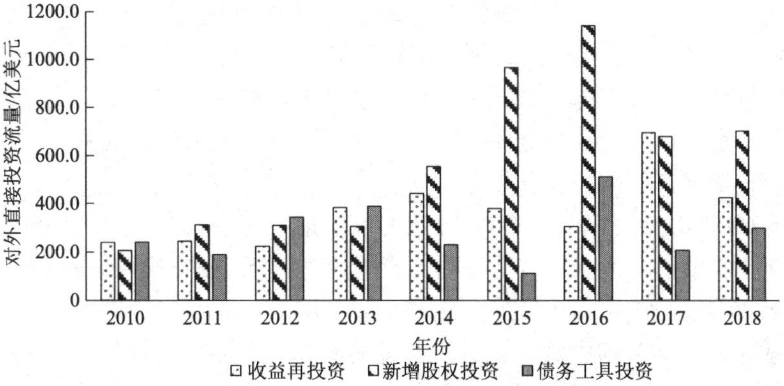

图 2-22　2010—2018 年中国对外直接投资流量构成情况
资料来源：根据 2010—2018 年度《中国对外直接投资统计公报》整理而得

综上所述，从微观层面看，2016 年起，跨国并购逐渐成为中国企业进行对外投资的主要方式，也是企业加快国际化步伐的首要选择。2018 年，收益再投资占对外投资的比重接近三成，企业经营状况良好。

第六节　中国企业对外直接投资的成功案例

自从实施“走出去”战略，中国企业获得了新的机会和平台。受到联想和吉利等企业海外投资成功的鼓舞，越来越多的企业希望借助海外市场提升价值链位势和竞争力。为了让更多企业成功“走出去”，本节选取了部分企业成功“走出去”的案例，分析投资背景和过程，总结成功经验，以供更多“走出去”企业借鉴。

一、联想收购 IBM 个人电脑业务

（一）收购背景和过程分析

作为两家业务背景相似的公司，联想收购 IBM 个人电脑（personal computer，PC）业务部往往被认为是“蛇吞象”的壮举。首先，IBM 处于强品牌和强市场的顶层位置，而联想则是处于弱品牌和弱市场的低层位置。作为老牌计算机跨国企业，IBM 在个人电脑业务上有着技术优势和品牌影响力。联想不但成立时间较短，国际影响力较小，而且生产技术大多依赖于外国企业，因此无论是在产品还是在市场竞争力上，联想都比 IBM 弱小。其次，在规模上，IBM 拥有绝对的优势。2004 年，IBM 营业收入为 965 亿美元，而联想在 2003 年营业总收入为 240 亿元，两者在规模上存在较大的差距。随着消费能力的提高，中国对 PC 的需求日益增多。面对利润微薄的国内市场，联想设法打破国际市场进入壁垒，积极开拓国际市场。通过收购 IBM 的 PC 业务，联想不仅可以顺势进入国际市场，获得其相应的品牌、人才、销售渠道、客户等资源，而且可以获得先进的生产技术，进而实现在国际市场上的跃进。联想处于行业的中下游，可以通过收购来改善现状，提升自己的品牌价值，增加产品的科技含量。

为确保收购过程的顺利进行，联想开展了前期调查与全面风险评估。在收购 IBM 之前，联想集团开展了该项收购的前期调查，聘请麦肯锡评估并购的可行性，全面分析收购过程中可能面临的问题和风险。同时，联想也为应对美国政府的审查提前做好各种准备和应对措施，在通过美国外国投资委员会的审核后，联想并购 IBM 才最终落实。通过并购，联想抓住了走向国际化的重大机遇，全球市场占有率提高到 8%，一跃成为世界第三大电脑公司。

除了做好收购前的充分准备外，收购后的资源整合也是保证联想收购成功的

重要因素。联想为了缩短收购后的磨合期，在企业文化、财务、人力资源、市场渠道、品牌资源等方面进行整合，加快了国际化的进程，为其日后成为跨国企业奠定了基础。

（二）成功经验分析

联想收购 IBM 的成功经验开创了收购大型国际企业的先例。联想收购 IBM 的成功并非偶然，通过研究其收购过程，可以发现其成功因素主要有以下几点。第一，做足收购准备。联想组建专业团队对所收购业务和潜在的协同效应进行深入调查研究，并对收购后可能出现的情况进行预判。第二，遵守东道国的投资政策。在面对美国政府部门的审查时，联想逐点击破，通过一系列措施消除了收购过程中的政策阻碍。第三，打造优秀人才队伍确保收购过程顺利进行。第四，收购后迅速进行资源整合，缩短“阵痛期”。第五，联想借助此次收购进行全球产业迁移和产业链的延伸。在 PC 产品趋向于同质化、竞争对手趋向于转型的时候，联想通过收购 IBM 强化自身的人才、品牌、技术、销售渠道等优势，与原有的成本优势相结合，进而取得 PC 行业的领导地位，成功践行比较优势理论开辟了国际市场。

二、吉利收购沃尔沃

（一）收购背景和过程分析

2010 年，吉利集团成功收购沃尔沃汽车 100%的股权，成为第一宗由中国汽车企业收购国际豪华汽车品牌的案例。从企业规模、技术水平及品牌价值等情况来看，吉利都不能与沃尔沃相比，但收购的成功标志着中国企业收购海外知名企业是完全有可能的。2008 年国际金融危机爆发后，全球汽车市场遭受严重打击，销售量全线下降。前三大全球领先汽车企业的市场份额从 2008 年的 32.5%下降到 2009 年的 30.5%。包括通用、福特、克莱斯勒在内的美国三大汽车企业都面临巨大的亏损。福特汽车集团为了及时止损，积极削减或出售非核心品牌。与此同时，中国汽车市场却逆势而上，销量不断上涨。受到扩大内需政策的刺激，中国汽车市场保持着强劲的增长潜力。2007 年吉利集团开始实施战略转型，从成本优势战略转为技术领先和品质创新战略。因此，吉利集团试图通过收购沃尔沃提高自身品牌的国际影响力。

由于董事长的坚持，吉利集团提前锁定沃尔沃为收购目标并积极做好准备。首先，吉利集团成立“V 项目”，落实收购过程中的各项工作。其次，吉利集团组建专业团队降低收购风险。在团队组建上，吉利集团下了一番狠功夫。在投资银行选择上，吉利集团选择了具有欧洲背景的投资银行——洛希尔投资银行参与谈判过程，分析和研判收购过程可能出现与产生的问题和风险。在法律业务上，吉利集团聘请富而德律师事务所提供专业的法律咨询；在会计业务上，吉利集团选用德勤会计师事务所为其进行财务分析、成本核算和开展业务调查。再次，获得官方支持消除政策障碍。吉利通过与有关政府部门的有效沟通，顺利通过对外投资的审批，消除了国内监管障碍。最后，收购资金最终落实保证收购的完成。从财务报表上看，以当时吉利集团的实力，仅凭自身是难以备齐收购资金的。为了保证资金的顺利到位，吉利集团通过地方政府融资平台筹措资金，最终在与福特签订股权转让协议前落实了全部资金。

（二）成功经验分析

吉利集团收购沃尔沃作为中国本土汽车企业海外收购成功案例，为本土汽车企业进行海外投资树立了榜样。通过分析整个收购过程，吉利集团成功收购沃尔沃的主要原因有以下几个方面。第一，得到政府的支持。随着中国“走出去”战略的实施，国家相继出台了《国务院关于鼓励支持和引导个体私营等非公有制经济发展的若干意见》等文件，大力鼓励有条件的民营企业“走出去”投资和跨国经营。第二，成功收购经验的积累。在收购沃尔沃之前，吉利集团已成功操作两起跨国并购案，在跨国管理、资本操作、品牌建设等方面积累了丰富的经验。第三，收购前的充分准备。首先，集团董事长从构想—研究—落实收购整整筹划了8年，并做好了各方面的准备工作，随时准备发出收购要约。其次，及时与沃尔沃进行沟通。整个收购过程，吉利集团团队积极与沃尔沃沟通调整收购后的整合方案，获得沃尔沃较为满意的结果。最后，组建专业收购团队协助。由于吉利集团有参与国际收购的经验，同时聘请了专业的并购服务机构参与进来，极大提高了收购的成功率。吉利收购沃尔沃，是中国汽车行业发展和中国海外收购史上的重要里程碑，从此打开了吉利集团实现国际化发展的大门。

三、美的集团收购库卡机器人

（一）收购背景和过程分析

美的集团收购库卡是2016年中国国内资本市场最具影响力的投资案例之一。随着近年来工业技术的发展，在白色家电领域，用机器人代替人工已经逐渐成为制造业领域的发展趋势之一。美的集团在劳动力成本上升、行业竞争激烈、技术迭代速度加快的背景下，营收能力逐年下降，在2015年，美的集团营业总收入与2014年相比下降了2.08%，而到了2016年一季度营业总收入比去年同期下降了9.34%，部分种类甚至出现负增长。为了摆脱困境，寻找新的利润增长点，美的集团开始实施生产自动化和技术智能化战略。2016年，美的集团决定通过收购库卡获得智能行业的专利使用权，以加快智能设备的升级。

国际机器人联合会（International Federation of Robotics，IFR）公布的数据显示，中国制造业企业的工业机器人数量较少，渗透率仅为1.7%，与美国、日本等国家存在一定的差距。美的集团认为收购之后能和库卡形成协同效应，实现优势互补，从而提高生产效率及产品在国际市场上的竞争力。此外，库卡旗下的瑞仕格是专业的第三方物流企业，收购有助于美的利用瑞仕格的供应链解决方案提高物流效率。库卡方面，近年来因经营不善，利润逐年下跌，市场份额不断缩小，因而其努力的方向是将自己的系统设计能力、仓储物流自动化优势转化为盈利能力。

在收购过程中，美的集团也遭遇了不少的困难和风险，如德国政府也在物色其他收购方、收购受到库卡最大的股东 Voith 反对、收购需通过多国政府的反垄断审查、收购之后库卡机器人的人才去留问题、企业财务风险等，都给美的集团带来了不小的挑战。美的集团为消除收购过程的障碍，在收购过程中，一方面承诺保持库卡的相对独立性。在管理层面上，继续保留库卡集团的执行管理委员会和监事会，以维护库卡集团在企业管理和融资策略方面的独立性；在知识产权的处理上，库卡将拥有商业机密和客户数据保密权，保持原品牌和知识产权独立；在机构设置上，美的集团保证维持现有工厂规模、员工人数不变。另外，美的集团通过多渠道多方式进行股权收购，并最终以115欧元每股的高价成功收购库卡集团43.74%的股权，成为其最大的股东。为了争取德国和欧洲舆论的支持，美的集团也花了不少工夫。在企业层面，美的集团给予库卡独立性，从而得到了库卡董事会和监事会的支持。在国家层面，美的集团利用德国总理默克尔访华这一机遇，得到了国家在外交、经济、政治方面的支持，最终促成了收购。

（二）成功经验分析

此次美的集团收购的成功，在很多方面都值得借鉴。首先，在政治因素上，美的集团通过层层沟通，获得了中国政府及德国政府的支持，顺利打破政治阻碍。其次，在战略上，此次收购推动了美的集团在企业技术革新方面的发展，收购之后美的集团采取财务和战略上的整合对此次收购的成功也起了重要作用。最后，在收购后的整合上，美的集团提前做好准备以应对在收购后可能会出现的风险和问题，从而为日后提升经营业绩打下良好基础。

四、海尔集团对美国绿地投资

（一）投资背景和过程分析

海尔集团对美国绿地投资是其走向国际化的重要途径。海尔集团自1984年创立以来，坚持以用户需求为中心，以技术创新为主旨等要素驱动企业发展，逐步成为全球著名的家电品牌。但是在 1997 年，海尔集团同时面对国内外环境的影响，企业发展受到较大的制约。国际上，受到东南亚金融危机的冲击和国际消费需求减少的影响，海尔集团的海外市场出口量大幅减少。在国内，家电企业增多，国内市场逐渐成为“红海”，市场竞争日益激烈。为了开拓国际市场，建立国际化品牌，发展多元化价值链，1999 年海尔集团选择美国南卡罗来纳州建立生产制造基地，成为在美国建厂的第一家中国制造企业。在进军美国前，海尔集团凭着过硬的质量和人性化设计已赢得当地消费者的认可。从 1994 年以来，海尔集团对美国的出口额节节攀升，也为海尔集团将目光瞄准美国这个全球最大的消费市场埋下了“伏笔”。海尔集团决定到美国建厂后，先是反复考察各州的政策、经济和地理位置，最后通过综合评估选定土地和劳动力价格相对较低、投资环境相对稳定的南卡罗来纳州。在州政府的大力支持下，海尔集团获得了一系列的税收优惠，如抵减部分雇工工资税、减免房地产税、免征部分销售税等。另外，南卡罗来纳州是当时工会数量最少的州之一，劳资纠纷引起的停工率在全美最低，有利于保证稳定的工作时间。海尔集团为了与美国工业发展相融合，在厂房设计、生产工艺与物流系统等方面都进行了革新，力求生产高质量的产品。

海尔集团在美国建立生产基地之后，给自身带来了极大的经济效益，主要来自“品牌溢价”和产品出口拉动效应在全球范围的传递。此外，海尔集团此次在美国投资建立生产线，更贴近消费市场，使自己的产品为美国的消费者和经销商所接受，进而开拓美国市场。

（二）成功经验分析

海尔集团到美国绿地投资是中国企业“走出去”的成功典范，被编入哈佛商学院的教学案例。综合分析该案例，不难看出其成功主要基于以下两点。第一，理性进行国际化，有市场才建厂。海尔集团进行国际化扩张有着历史的原因，在综合研判后，海尔集团以贴近市场的方式实施全球战略，从而降低供应链成本，大大缩短资金运转周期，提升在全球家电行业的竞争力。第二，大胆进行本土化，迅速迎合市场。无论是在工厂选址、人员雇用还是在企业文化方面，海尔集团都实施“本土化”策略，尽量缩小企业文化与人文文化的差距，为日后生产过程顺利开展打下基础。

第七节　中国企业对外直接投资的失败案例

中国企业在海外投资虽然取得了不错的成绩，但是也有部分企业对外投资效果不尽如人意。由于海外投资的盲目性、对东道国政策的不了解，企业对外投资也会出现失败的情况。为了更好总结失败教训，帮助企业防范投资过程中有可能遇到的各类风险，本节选取几个典型的失败案例，深入分析其失败的原因。

一、中海油并购优尼科

（一）并购背景和过程分析

2005年，有着丰富国际投资经验的中国海洋石油总公司（以下简称中海油）预并购优尼科石油公司，在经历半年多的谈判后，最终却以失败告终。中海油是一家综合型能源公司，业务范围包括在中国海域对外合作开采海洋石油、天然气资源。优尼科是美国第九大石油公司，历史悠久，业务主要涵盖在北美洲及东南亚等地的石油和天然气开采资产与项目。多年来，优尼科均处于亏损状态，也曾向美国政府申请破产。鉴于优尼科的国际业务主要在东南亚，开发的项目均在资源丰富的国家或地区，中海油有意将优尼科定为并购目标。如果成功并购优尼科，中海油便可利用优尼科在海外11个国家的业务扩大市场版图，从而提升企业的国际化水平。假若成功并购，中海油在石油产量及储量上都将大幅增加，同时可带来协同效应，帮助中海油进一步优化国外资本项目，以及建设一支国际化管理团队和技术队伍。

在经过前期的评估后，中海油向优尼科发出并购要约，过程可谓一波三折。2005年3月，中海油开始与美国优尼科洽商并购事宜，并提交了“无约束力报价”。此后，中海油宣布以要约价185亿美元并购优尼科，但需要满足两个要求。首先获得美国监管机构的并购批准，同时获得优尼科股东的支持。与此同时，美国雪佛龙公司以170亿美元向优尼科发出收购意向，最终双方达成了约束性收购协议，并得到美国联邦贸易委员会批准。由于中海油的中资背景和优尼科业务的特殊性，美国监管机构及国会部分议员在审查环节给予了不公平与不公正的对待。虽然中海油开出的条件优厚，出价比竞争对手高，还承诺将保留优尼科的绝大部分员工和管理团队，但最终没能获得董事会的支持。在政治压力越来越大的情况下，2005年8月2日，中海油宣布撤回对优尼科的并购要约。

（二）失败教训分析

中海油的失败教训除了自身准备不足外，政治因素也是一个主要原因。首先，宏观政治的阻挠是中海油并购失败的一个关键因素。石油是国民经济的支柱行业，而中海油在美国最为敏感的行业里竞购一家美国石油公司，容易触碰政治敏感神经。其次，中海油的股权结构也给并购带来了负面影响。美国国会议员把这次并购事件政治化，从中海油的股权结构和并购资金判断该并购并非单纯的商业行为。

在面对美国政府的无理指责，中海油并没有针对政府和民众做好公关工作，导致舆论的走向越发不利。最后，中海油对并购没有做好前期的调查和评估工作，低估和错判了当时美国的政治环境与竞争对手的策略，最终导致并购失败。

二、TCL 并购汤姆逊

（一）并购背景和过程分析

TCL 集团股份有限公司（以下简称 TCL）作为中国企业进行国际并购的急先锋，却在汤姆逊身上遭遇“滑铁卢”。TCL，是中国最早的一批家电生产企业，从原来生产磁带、电话机的小企业发展成为集研发、生产、销售于一体的综合性家电企业。法国汤姆逊公司（Thomson）成立于 1893 年，业务涉及电视视讯产品和数码处理，在彩电领域拥有 34 000 项专利，且在北美和欧洲拥有成熟的销售网络，其中北美市场销售网络覆盖了超过 220 个分销商和 10 000 家零售店。虽然有着良好的品牌基础和专利技术，汤姆逊依然挽回不了彩电业务年年亏损的局面。此时，TCL 认为双方的彩电业务具有明显的互补性，可利用汤姆逊庞大的销售网络填补 TCL 在欧美市场的空白。在对施耐德、GOVIDEO 实施了两次小规模的国际并购后，TCL 一直在寻求更大规模的跨国并购机会，以进一步提升 TCL 在国际市场的影响力。2003 年，在得知汤姆逊有意出售彩电和彩管业务的消息后，董事长不顾咨询顾问的反对，执意与汤姆逊开展并购准备工作。仅用了 4 个月时间，TCL 与汤姆逊签署协议，合并重组双方的彩电业务，成立新的公司 TTE。但并购后，TCL 迎来创办以来首次财务上的亏损，并在中国股票市场上戴上“ST”[①]的帽子，直到 2007 年才扭亏为盈。但是，状况并没有就此改善，由于欧洲业务连续出现亏损，TTE 欧洲公司在 2007 年 4 月申请破产清算。而到了 2010 年，负责 TTE 欧洲公司的清算官向 TCL 发出两个令状，申请索赔 6.55 亿元。为此，TCL 进行了一场跨国维权的持久战，也为此付出了沉重的代价。

（二）失败教训分析

TCL 在汤姆逊并购案的失败并不是无迹可寻。首先，前期调查和风险预判并不充分。TCL 曾在海外并购中获得不错的成绩，导致决策者对海外并购情况研判过于乐观，忽视了对标的公司进行深入调查的重要性。在并购过程中，TCL 并没有将精力放在对汤姆逊彩电的调查上，而是关注北美市场和彩电技术。由于汤姆逊在彩电技术水平高和北美市场占有率大，并购汤姆逊无疑能为 TCL 提供进入国际市场的通道。可是，TCL 只专注于自身的利益获取点，却忽视了汤姆逊在彩电

① ST 股指的是在中国境内连续两年亏损的上市公司，且被进行退市风险警示的公司股票。

业务盈利负增长的现实，也高估了自身对并购风险的承受能力。其次，没有慎重采纳顾问团队的意见。与联想并购 IBM 时积极与顾问团队相互合作的情况不同，TCL 虽然聘请了摩根士丹利、波士顿咨询公司等知名顾问公司为其提供专业意见，但在并购汤姆逊的事件中，TCL 决策者并没有接纳顾问公司的意见和建议，而是一意孤行在反对声中进行并购。

三、中国平安收购富通集团

（一）收购背景和过程分析

作为中国平安保险（集团）股份有限公司（以下简称中国平安）2008 年最大的海外投资项目，收购富通集团却使其陷入困境。中国平安是中国第一家股份制保险企业，主营业务包括金融保险、投资、银行等。截至 2007 年末，中国平安累积 300 多亿的保单额，其约定平均利率约为 7%，庞大的金融资产要求中国平安寻找收益更高的投资项目。此时，凭借相似的业务范围、优质的市场资源，荷兰-比利时富通集团（以下简称富通集团）进入中国平安的视线。经过一年的考察，中国平安认定富通集团经营状况良好，具有较好的发展前景。从 2007 年 9 月开始，中国平安在香港开始了海外收购富通集团的第一笔操作。为了促成此次交易，中国平安做好了收购的准备工作。一方面，中国平安分别聘请了摩根大通集团与美国伟凯律师事务所组建顾问团队，并对收购富通集团进行前期评估。另一方面，在获得由中国银行保险监督管理委员会（以下简称中国保监会）和国家外汇管理局所批准的专项投资额度后，中国平安着手进行为期两个月的二级市场收购。同年 11 月，中国平安斥资 18.2 亿欧元（折合 198 亿美元）购入 9501 万股富通集团股票，占其 4.12%的股份，成为富通集团单一第一大股东。此次交易标志着中国保险公司首次对全球性金融机构进行投资，也是当年中国金融企业对外投资金额最大的交易。中国平安投资富通集团将获得涵盖保险、银行业与资产管理三大金融领域的先进经验，打造跨国金融巨头的梦想指日可待。

这次收购被认为是中国金融业海外投资史上的里程碑，可是次贷危机带来的连锁效应却让中国平安深陷泥潭中。美国本土引发的次贷危机以极快的速度蔓延到欧洲，富通集团股价大幅缩水。2008 年第三季度，中国平安所持有的富通集团股份已出现 157 亿元的亏损，给中国平安造成巨额的亏损，并对沪深股市产生了极大影响。可是，中国平安最高决策层还没认识到事态的严重性，而比利时、荷兰和卢森堡以“反危机”名义实行的措施使中国平安蒙受更多的损失。首先，三国政府在 2008 年 9 月宣布投资 112 亿美元收购富通集团全资子公司部分股权，并迫使富通集团将其盈利能力最高的银行和保险公司出售给荷兰与比利时政府，仅留下部分的国际保险业务和全部的垃圾美国次级债券。然后，荷兰、比利时两国政府在违反本国和欧盟相关法律的情况下拆分出售富通集团资产。比利时政府低价收购富通集团比利时银行后将其 75%的股份转给法国巴黎银行，获取巨额收益，却未向富通集团股东征询意见。最后，获得收益的比利时政府制订歧视富通集团中国籍股东的补偿计划，规定收益只补偿给欧盟个人股东，导致中国平安未能获得补偿。截至 2008 年底，中国平安对富通集团的投资损失已超过 90%。

（二）失败教训分析

中国平安的教训给国内企业进行海外投资敲响了警钟。在这个失败的收购案例明显存在以下风险：第一，信息不对称风险。富通集团在收购过程中有意隐瞒持有美国次级债券的事实及其财务状况，当美国次贷危机出现后，富通集团才对外宣告所持债券的亏损额为 4 亿美元，造成股价暴跌，给中国平安带来了巨大损失。第二，缺乏全面调查。由于中国平安急功近利，希望通过富通集团来实施企业国际化战略，没有进行全面的调查和信息核实，对标的企业的经营情况和财务状况了解甚少，造成收购后风险增加。

第三章　中国对外直接投资政策制度变迁与现状特征

中国对外直接投资无论是国家层面还是企业层面都有着良好发展态势，投资逐渐回归理性。随着中国对外开放的不断深化，企业积极开拓国际市场，希望实现高质量的发展。通过梳理中国对外直接投资的历程可知，中国对外直接投资有着明显的阶段性特征，如在“走出去”战略、“一带一路”倡议等提出后迎来了对外直接投资的小高潮。据此推断，中国对外直接投资活动与政府所实施的政策有着紧密的联系。因此，本章对中国鼓励和引导企业对外直接投资所出台的政策进行梳理，系统回顾中国对外直接投资政策的历史变迁，进而对政策进行分类总结，以及厘清对外直接投资政策演变中所存在的问题，为后文的深入剖析打下坚实的基础。

第一节　中国对外直接投资政策制度的历史变迁

改革开放以来，中国政府根据国家经济发展的周期制定对外直接投资政策，并不断规范、调整和完善，形成了以规范和监督为主、引导和补贴为辅的对外直接投资政策体系。为了更好研究中国对外投资政策的历史变迁，本节根据姚枝仲和李众敏（2011）在研究中国对外直接投资政策演变时所划分的标准，以政策实施目标和公布时间为主线将中国对外直接投资政策制定的历程分为四个阶段，分别是规范和探索阶段（1979—1992 年）、管理和调整阶段（1993—2000 年）、完善和发展阶段（2001—2008 年）、鼓励和引导阶段（2009 年至今）。

一、规范和探索阶段

1979—1992 年是中国对外直接投资的初步探索阶段。一方面，“三步走”实现了个案审批制度向规范审批制度的转变。第一步是 1979 年实行的个案审批制度，强调所有境外投资项目一律报请国务院审批，尚未形成系统而规范的审批制度。第二步是 1983 年国务院授权对外经济贸易部（现为商务部）负责境外投资企业的审批和管理，逐步规范个案审批制度。随后，《关于在国外和港澳地区举办非贸易性合资经营企业审批权限和原则的通知》和《关于在境外开办非贸易性企业的审批程序和管理办法的试行规定》相继出台，进一步规范审批制度，促进了中国对外直接投资政策体系雏形的形成。第三步是 1992 年《对外经济贸易部关于在境外举办非贸易性企业的审批和管理规定（试行稿）》出台，标志着中国具有规范性的境外投资审批制度的确立。另一方面，初步建立规范化的外汇管理制度。1980 年国务院颁布《中华人民共和国外汇管理暂行条例》，实施严格的外汇管制政策，对外直接投资外汇的使用须经由国家外汇管理局批准。1989 年国家外汇管理局颁布《境外投资外汇管理办法》，初步规范境外投资用汇的各项程序，并于 1990 年补充实施细则。自此，中国形成了较为规范的外汇审批制度。

该阶段，中国企业规模小、体制单一、经营自主权有限，境外投资较多由政府主导，企业缺乏境外投资的积极性。此外，由于该阶段中国企业资本实力较弱，在境外投资过程中普遍存在严重亏损等情况。有鉴于此，政府意识到需要通过政策手段，加强对对外投资的引导，促使对外投资行为更健康和理性。在此背景下，1991 年《国家计划委员会关于加强海外投资项目管理的意见》和《关于编制、审批境外投资项目的项目建议和可行性研究报告的规定》出台，加强了对境外投资活动的宏观管理。

二、管理和调整阶段

1993—2000 年是中国进一步调整境外投资管理体制和政策方针的关键时期。一方面，中国陆续出台相关政策文件，加强不同行业对外直接投资的管理。1993 年《境外企业管理条例》出台，进一步强化境外投资管理。1997 年对外经济贸易部颁布了《境外贸易公司、代表处管理办法》，明确了境外直接投资的各项配套政策措施，进一步规范各部门的分工。另一方面，中国政府逐渐改变境外投资态度，适时调整境外投资的方针。中国在经历了十多年的改革开放后，面对经济全球化所带来的机遇与挑战，主要依靠对全球市场的突破，不断拓展对外开放的内涵。值得注意的是，在 20 世纪 90 年代末东南亚金融危机的冲击下，中国政府在 1998 年政府工作报告中提出“稳妥地进行对外投资”，及时调整以往对境外投资过于乐观的态度。1999 年和 2000 年进一步调整对外投资方向，提出鼓励具有比较优势的企业参与海外投资。

这一时期，中国面对国内外复杂的环境变化，对外直接投资趋向也不稳定。基于政府态度的转化、市场化改革的深化及对外直接投资的规范化，中国企业境外直接投资规模迅速扩张，但往往偏执于短期逐利，缺乏长期经营战略的考量，由此呈现“大起大落”的发展特征，如中国对外直接投资流量在1993年猛增到45亿美元，到2000年波动发展降为9.16亿美元（图3-1），跌至1993年以前的水平[①]。值得注意的是，该阶段国有企业凭借雄厚的国有资本成为中国境外投资的主要主体，但民营企业发展仍不充分，在竞争中处于劣势地位。

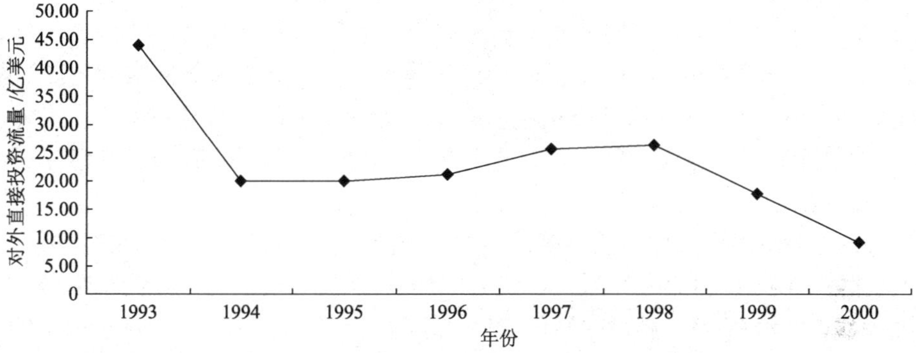

图3-1　1993—2000年中国对外直接投资流量
资料来源：联合国贸易和发展会议

三、完善和发展阶段

2001—2008年，中国不断完善和发展对外直接投资政策，基本形成了一个全新的企业“走出去”政策体系。第一，政府逐渐简化境外直接投资的管理并向核准制过渡。2003年对外经济贸易部率先颁布《关于在部分省市进行简化境外企业和机构审批手续试点的通知》，一方面扩大《境外贸易公司、代表处管理办法》的适用范围，另一方面调整上述文件的内容，提出简化程序和减少申报材料等措施。紧随其后，商务部在优化审批工作流程的基础上发布《商务部关于做好境外投资审批试点工作有关问题的通知》，提出在中国12个省市地区实行审批权限下放。2004年以来，《国务院关于投资体制改革的决定》和《境外投资项目核准暂行管理办法》相继颁布，均提出将境外投资由审批制改为核准制，根据境外投资的规模和项目，由国家或地方发展和改革委员会进行核准。但是，实质上仅有中央企业在小额境外投资上拥有完全的自主权，地方企业对外投资仍需要相关部委的审批，审批程序仍有较大简化空间。第二，中国境外投资的外汇管理也进一步放宽。国家外汇管理局在2002年宣布取消境外投资汇回利润保证金制度，在2003年宣布简化境外投资外汇资金来源审查，在2006年通知进一步放宽外汇管制，并

① 资料来源：《对外直接投资的迅速发展》，http://history.mofcom.gov.cn/?newchina=对外直接投资的迅速发展-2[2020-08-09]。

于2007年下放境外投资外汇资金来源审查权限。由此，中国境外投资者可使用自有外汇、人民币购汇及国内外汇贷款。

此外，中国通过颁布一系列较为积极的政策大力推动中国企业境外投资。一是资金性的政策支持，包括国家开发银行设立的三个产业投资基金和一个发展基金、政府推出的四项境外投资专项基金，以及2004年国家发展和改革委员会、中国进出口银行发布的《关于对国家鼓励的境外投资重点项目给予信贷支持有关问题的通知》明确建立境外投资信贷支持机制。二是框架性的政策指导，2006年国家发展和改革委员会、商务部等七个部门联合颁布《境外投资产业指导政策》和《境外投资产业指导目录》，文件中规定了鼓励类和禁止类境外投资项目。

2001年中国正式加入世界贸易组织，企业境外直接投资得到迅速发展，由2002年的25.18亿美元增长到2008年的559.07亿美元，年均增长率达到67.65%（图3-2）。得益于审批程序的简化、外汇管制的放宽及“走出去”配套政策的支持，中国民营企业稳步发展，逐渐打破国有企业在境外投资方面的垄断地位。总体而言，中国境外投资的发展状况验证了小岛清（Kojima，1978）提出的边际产业转移理论，境外投资的目的从投资拉动出口向替代出口转变，企业开始尝试通过境外直接投资把落后产能转移至海外。

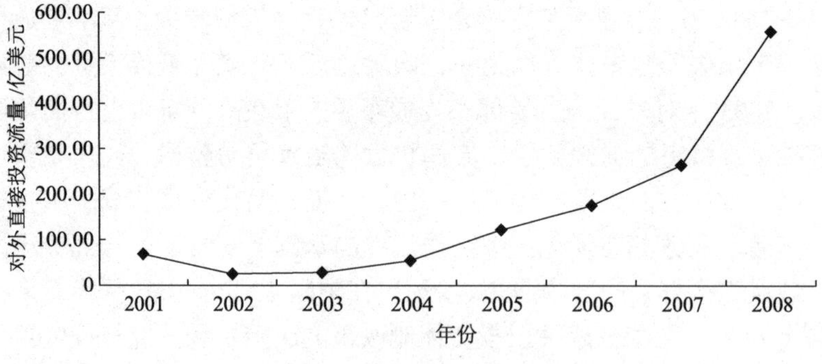

图3-2　2001—2008年中国对外直接投资流量

资料来源：联合国贸易和发展会议

四、鼓励和引导阶段

自2009年以来，中国不断加大对境外直接投资的鼓励和引导力度。这一时期，对外直接投资政策主要呈现以下三大发展特征。一是境外直接投资制度逐渐由核准制向备案制转变。2014年，国家发展和改革委员会出台《境外投资项目核准和备案管理办法》，提出一般境外投资范畴内实施备案制管理，推动了中国境外投资管理政策的便利化改革，对中国境外投资制度有重要阶段性影响。二是加大了对中国企业境外投资的监管力度。一方面，2017 年国家发展和改革委员会发布《企业境外投资管理办法》，2018 年商务部、人民银行等七个部门共同发布《对外投资备案（核准）报告暂行办法》，继续鼓励和发展境外投资并在此基础上加强政策的引导。同时，采取“双随意、一公开”的事后监管方式，配合信息服务平台的建设，全方位提高中国监管境外投资的效率和力度。另一方面，中国进一步放宽企业层面的外汇管制。2009 年，国家外汇管理局出台《境内机构境外直接投资外汇管理规定》，放宽外汇来源和购汇额度的限制，并进一步简化审查规定。三是继续鼓励和支持境外投资，推动中国企业实现转型升级。由于国内产能过剩较为严重，2013 年《国务院关于化解产能严重过剩矛盾的指导意见》及时颁布，引导中国企业开展国际产能的经济合作。鉴于中国境外直接投资存在过热的现象，2017 年国家发展和改革委员会、商务部等四个部门出台《关于进一步引导和规范境外投资方向的指导意见》，进一步规范和引导境外投资活动，并对国内企业开展跨境投资业务与领域提出宝贵的指导性意见。

本阶段中国企业的境外投资呈增长趋势，但存在投资过热的现象，中国政府对此适时做出调整，如 2017 年境外直接投资呈调整性下降，房地产业等行业的境外直接投资受到一定程度的抑制。本阶段资金的主要流向是租赁和商务服务业、制造业及批发和零售业，信息技术等服务业的投资也进一步增长，境外直接投资逐渐趋于理性化（郭凌威等，2018）。此外，境外直接投资模式向垄断优势过渡，国有资本凭借雄厚的实力拥有较大优势。

第二节　中国对外直接投资政策的功能特征

1980—2018 年，中国政府一共颁布了 179 项与对外直接投资紧密相关的政策，其中现行有效的政策有 135 项。对外直接投资政策主要颁布于 1991 年以后，并分别在 1992 年和 2004 年前后出现快速增长趋势（图 3-3），政策数量规模不断扩大，反映出中国对外直接投资的政策监管体系逐步完善。总体而言，中国对外直接投资的政策设计方向经历了由严格限制到鼓励支持的过程，为对中国对外直接投资政策体系有更深入的认识，本节按照政策属性，将现行有效的 135 项对外直接投资政策划分为管制规范类、鼓励引导类和扶持补贴类，进而对不同类别的政策特征加以分析。

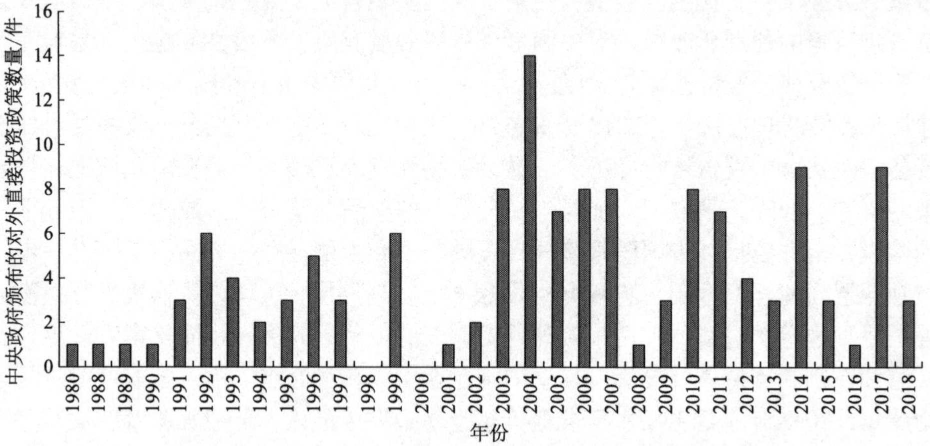

图 3-3　1980—2018 年中央政府颁布的对外直接投资政策的数量

资料来源：根据国务院、商务部、国家发展和改革委员会等政府部门网站数据整理所得

一、管制规范类：占主导地位，总量稳步上升

自中国开放对外直接投资以来，管制规范类政策始终占据主导地位，目的在于对境外投资行为和项目进行审查与监督。其中，审查制度逐渐规范化和便利化，监督制度日趋完善化，有力推动了中国企业加快“走出去”的步伐。

（一）管制规范类政策占主导地位，数量增长呈上升趋势

在中国对外直接投资的相关政策中，经研究发现管制规范类政策数量最多，且呈现出不断增长的趋势。一是中国对外直接投资政策以管制规范类为主。在中央政府颁布的 135 项现行有效对外直接投资政策中，有 84 项政策是属于管制规范类的，占总体的 62.20%。由图 3-4 可知，从政府颁布的管制规范类政策数量的比例情况来看，2001—2008 年的比例最大，占 46.43%；而 2009—2018 年的比例为 36.90%，排在次位。从比例的变化可以看出，对外投资活动将受到更加规范的管制。管制规范类政策的主要内容一方面是对企业对外直接投资的审批，如商务部于 2014 年颁布的《境外投资管理办法》；另一方面是对企业投资行为的规范，如国家发展和改革委员会于 2014 年颁布的《境外投资项目核准和备案管理办法》。二是政策实施主体以商务部为主。作为对外投资活动重要管理和监督部门，商务部是实施和执行对外投资政策的“主力军”。由图 3-5 可以看出，在中央政府中商务部是颁布和实行管制规范类政策数量最多的部门，这跟商务部从宏观上把握对外投资方向的主要职能有关。三是管制规范类对外投资政策数量增长速度较快。尤其是在 2001 年以后，政策数量达 70 项，占比高达 83%以上。由此可见，在国

内对外直接投资活跃度持续和国外形势不确定性增大的背景下，中国并未放松针对对外直接投资的管理监督，反而是通过不断完善对外直接投资的管制规范政策，为企业“走出去”提供事前事中事后管理保障并进行规范监督。

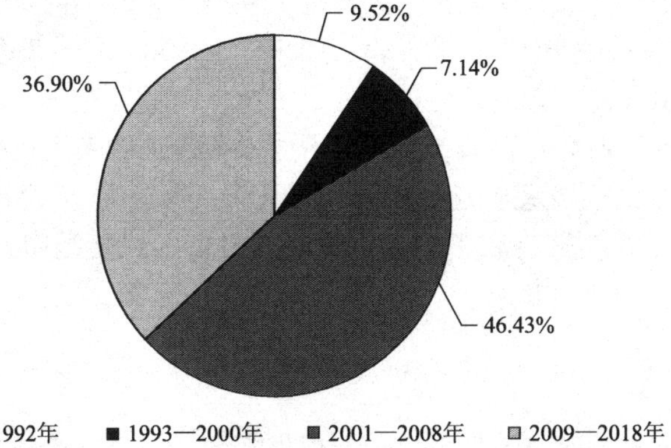

图 3-4　1979—2018 年中央政府颁布的管制规范类对外直接投资政策按阶段划分的数量比例

资料来源：根据国务院、商务部、国家发展和改革委员会等政府部门网站资料整理所得

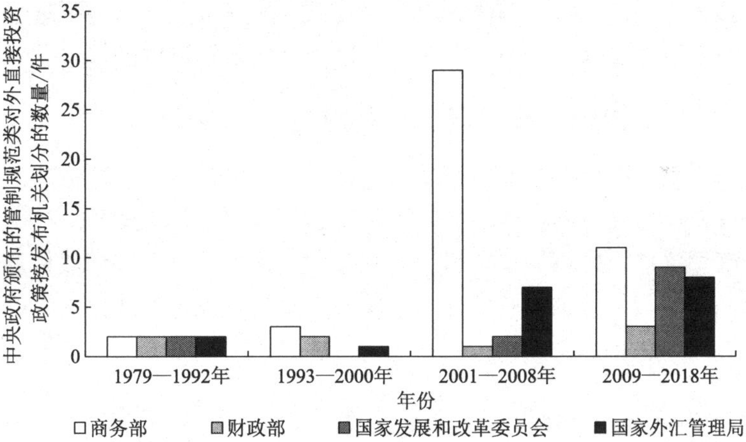

图 3-5　1979—2018 年中央政府颁布的管制规范类对外直接投资政策按发布机关划分的数量

资料来源：根据国务院、商务部、国家发展和改革委员会等政府部门网站资料整理所得

（二）前置审批管理逐步优化，事中事后监管渐趋完善

经过多年的发展，中国管制规范类对外投资政策得到不断完善，主要体现为逐步优化前置审批管理和不断提高对事中事后监管的重视程度。第一，中国现已建立起以备案为主、核准为辅的境外投资审查制度。2000 年以来，中国对外直接投资审批管理制度经历了从审批制向核准制，再从核准制向备案制的演变，其中尤为值得注意的是 2004 年通过的《国务院关于投资体制改革的决定》和 2014 年

通过的《政府核准的投资项目目录（2014 年本）》，前者确立了对境外投资管理由审批制向核准制的转变，明确规定国家发展和改革委员会负责境外投资项目的核准和商务部负责对境外开办企业的核准，后者标志着中国从全面核准制走向备案制为主的管理模式，明确除少数涉及敏感国家地区和行业的境外投资情形外实行备案制，优化境外投资审批方式，使核准管理得以简化和精准化。第二，探索并完善事中事后监管方式，促进境外投资项目质量的提高。2018 年 1 月 18 日发布的《对外投资备案（核准）报告暂行办法》标志着中国在政策创新方面实现了事前事中事后的全流程管理，完善了《境外投资联合年检暂行办法》等法规的不足之处，这些政策有利于强化企业对外投资的风险防范，促进境外投资高质量发展。

（三）对外投资管制不断放宽，企业“走出去”便利化程度提高

随着中国不断放宽境外投资前置审批管理，加上对境外投资的外汇管制渐趋宽松，中国企业“走出去”便利化程度逐渐提高。目前，中国企业在开展境外投资中缺乏系统规划和科学论证，容易由于盲目决策、后续经营困难等问题而遭受较大损失。因此，总体而言，现行审批管理制度能够确保不同类型的企业实施“走出去”战略中享受国家“一站式”服务，以更有效地规避风险。

二、鼓励引导类：数量较多，新出台逐年减少

虽然中国制定的鼓励引导类政策总量较多，但近年出台的政策的数量却在减少。在对外直接投资方面，中国鼓励引导类政策的数量稳定增长，目的在于通过政策鼓励引导境外投资行为与项目，使其与国家发展战略和规划保持高度统一。相对其他类型政策数量增多的情况下，新出台的鼓励引导类政策却在逐年减少，但政策实施的作用较为明显。

（一）鼓励引导类政策新出台频率降低，数量变化较为平缓

中国鼓励引导类对外投资政策发展特征与管制规范类的相异，主要体现在以下两方面。其一，中国鼓励引导类对外直接投资新出台政策数量逐渐减少。目前，中国鼓励引导类政策数量有 39 项，占对外直接投资政策总量的 29.1%。由图 3-6 可知，1999 年是对外直接投资鼓励引导类政策出台数量变化的分水岭，在此之前，仅有 2 项政策出台，可见鼓励引导类政策在当时并不属于常用的政策规范。而在 1999 年以后，鼓励引导类政策出台数量分别在 1999 年、2004 年和 2011 年前后出现了三个小高峰，可见中央政府在运用鼓励引导类政策调整指引对外投资方向上已更为成熟。其二，鼓励引导类数量变化趋势较为平缓。近年来，鼓励引导类新

出台政策数量下降态势明显，尤其在2014年以后，出台的政策仅有3项，较之前降幅明显（图3-6）。此外，分析鼓励引导类政策的发展历程，可发现在政策多产年所出台该类政策数量在5项及以下，与管制规范类政策相比，政策出台数量鲜有出现大升大降的变化，说明鼓励引导类政策指导方向清晰，作用效果已达到预期。

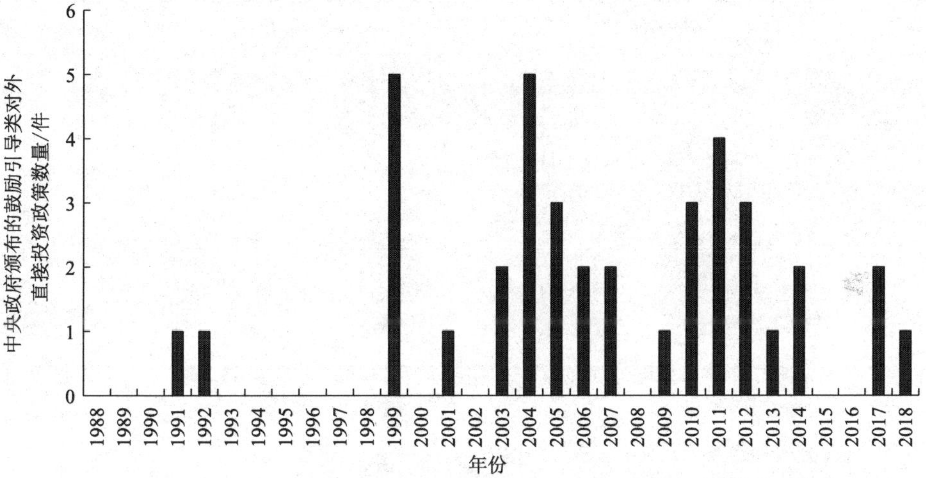

图3-6　1988—2018年中央政府颁布的鼓励引导类对外直接投资政策的数量

资料来源：根据国务院、商务部、国家发展和改革委员会等政府部门网站数据整理所得

（二）与国家产业发展方向一致，对境外投资指引时效性显著

中国对外直接投资的鼓励引导类政策主要发挥调整和指引投资发展方向的重要作用，目标在于及时引导境外投资与国家主导产业政策和发展战略方向保持一致。通过汇总历年的对外直接投资鼓励引导类政策可以看出，其指导方向在不断调整（表3-1）。1999年中国出台以《关于鼓励企业开展境外带料加工装配业务的意见》为主的5项鼓励引导类政策，指导和鼓励机械、电子、轻工、服装加工等具有比较优势的行业企业对外投资，以扩大出口来促进国内的产业结构调整。当年，中国海外投资大幅增加，创历史最高水平，达5.91亿美元[①]。2005年前后，我国先后出台《关于建立境外投资重点项目风险保障机制有关问题的通知》等政策，引导和帮助企业规避境外投资涉及的相关风险，提高中国企业境外投资竞争力。2013年，中国针对国内产能过剩的问题，出台了《国务院关于化解产能严重

① 资料来源：《中国对外直接投资发展的特点及所处阶段》，2016年10月19日，https://m.jiangshi99.com/article/content/175439.html[2020-08-09]。

过剩矛盾的指导意见》等政策，加强引导优势企业“走出去”开展国际产能合作的政策动力，随后根据中国在全球产业链的地位转变和国际分工变化，于2015年出台了《关于推进国际产能和装备制造合作的指导意见》等文件，适时调整境外投资的指引方向。

表3-1 中国鼓励引导类政策一览表（部分）

序号	文件名称	发布部门	发布或实施日期
1	《关于鼓励企业开展境外带料加工装配业务的意见》	对外经济贸易、国家经济贸易委员会、财政部	1999年2月1日
2	《关于对开展境外带料加工装配项目的企业赋予自营进出口经营权有关问题的通知》	对外经济贸易	1999年3月29日
3	《境外国有资产管理暂行办法》	财政部、外交部、国家外汇管理局	1999年9月27日
4	《关于建立境外投资重点项目风险保障机制有关问题的通知》	国家发展和改革委员会、中国出口信用保险公司	2005年1月25日
5	《关于鼓励支持和引导非公有制企业对外投资合作的若干意见》	财政部、中国人民银行、商务部、中华全国工商业联合会	2007年5月10日
6	《关于鼓励和引导水运行业民营企业境外投资和跨国经营的若干意见》	交通运输部办公厅	2012年10月9日
7	《对外投资合作环境保护指南》	商务部、环境保护部	2013年2月18日
8	《国务院关于化解产能严重过剩矛盾的指导意见》	国务院	2013年10月6日
9	《境外企业知识产权指南（试行）》	商务部	2014年2月8日
10	《境外投资管理办法》	商务部	2014年9月6日
11	《促进中小企业国际化发展五年行动计划（2016－2020年）》	工信部	2016年8月1日
12	《关于加强国际合作提高我国产业全球价值链地位的指导意见》	商务部、国家发展和改革委员会、科技部、工业和信息化部、中国人民银行、海关总署、统计局	2016年11月
13	《关于进一步引导和规范境外投资方向的指导意见》	国家发展和改革委员会、商务部、中国人民银行、外交部	2017年8月4日

资料来源：资料来源：根据国务院、商务部、国家发展和改革委员会等政府部门网站资料整理所得

（三）激发民营企业境外投资活力，引导和规范海外投资方向

中国鼓励引导类对外投资政策在推动不同所有制企业境外投资方面发挥着积

其重要的引导和规范作用。通过梳理研究鼓励引导类政策的演变过程，可以发现其对企业对外投资有两个较为显著的影响。一方面是越加重视不同所有制企业在海外投资中发挥的作用，加大力度激活民营企业境外投资活力。例如，2007 年财政部、中国人民银行、商务部等部门联合出台《关于鼓励支持和引导非公有制企业对外投资合作的若干意见》，放宽民营企业境外投资领域，明确在金融、社会服务、法律等方面对其给予大力支持。2012 年发布的《国家外汇管理局关于鼓励和引导民间投资健康发展有关外汇管理问题的通知》指出："放宽境外放款资金来源，允许境内企业使用境内外汇贷款进行境外放款。"得益于政策红利，民营企业境外投资活力迸发。2018 年，中国对外非金融类直接投资存量高达 17 643.7 亿美元，非国有企业占比为 52.0%，同比增长 1.1%（商务部等，2019）。另一方面是加强对企业境外投资方向的引导和规范。自提出"一带一路"倡议以来，中国陆续出台诸如《推动共建丝绸之路经济带和 21 世纪海上丝绸之路的愿景与行动》《关于加强国际合作提高我国产业全球价值链地位的指导意见》《关于进一步引导和规范境外投资方向的指导意见》等多项政策，配合中国发展规划，明确了鼓励、限制、禁止三类境外投资活动，逐步建立起"鼓励发展+负面清单"模式来引导和规范企业境外投资。

三、扶持补贴类：总量较少，类型多样

中国对外直接投资的扶持补贴类政策呈现出总量较少、类型多样的特点。扶持补贴类政策实施的目的在于通过专项资金、信贷支持，完善公共服务等具体扶持措施，调整对外直接投资与中国发展战略步调一致，促进中国对外直接投资规模持续扩大、投资结构不断优化和投资领域日趋多元化。

（一）扶持补贴政策数量较少，加入世界贸易组织后使用频率明显上升

中国扶持补贴类对外直接投资政策作为鼓励引导类政策的有益补充，两类政策的出台具有协同趋势。一是扶持补贴类政策数量较少。由表 3-2 中可以看出，1999—2018 年，政府在对外投资的补贴力度方面较弱，现有效的扶持补贴类政策有 14 项，仅占对外投资类政策的 10.4%。一方面呈现出与鼓励引导类政策协同的特点，诸如在 1999 年和 2005 年前后，二者均出现政策出台小高峰。另一方面是向民营企业倾斜，如 2004 年 10 月颁布的《关于对国家鼓励的境外投资重点项目给予信贷支持有关问题的通知》和 2005 年 8 月发布的《商务部　中国出口信用保险公司关于实行出口信用保险专项优惠措施支持个体私营等非公有制企业开拓国际市场的通知》等政策，均针对企业（尤其是民营企业）海外投资融资难的问题，

提供金融扶持等优惠措施以推动企业开拓国际市场。二是中国扶持补贴类政策数量在加入世界贸易组织后出现小高峰。在 2005—2008 年累积出台扶持政策有 6 项，占扶持补贴政策总数的 46.25%，侧面反映出在更加宽松的投资发展环境下，中国适时运用政策工具为企业走向国际化创造更为利好的发展条件。

表 3-2　1999—2018 年政府颁布的扶持补贴类对外直接投资政策数量（单位：项）

年份	1999	2000	2001	2002	2003	2004	2005	2006	2007	2008
数量	3	0	0	0	0	2	3	2	1	0
年份	2009	2010	2011	2012	2013	2014	2015	2016	2017	2018
数量	0	0	0	1	0	0	0	0	2	0

资料来源：根据国务院、商务部、国家发展和改革委员会等政府部门网站资料整理所得

（二）支持方式呈多样化发展，扶持措施渐趋系统化

中国扶持补贴类对外直接投资政策多样化发展，扶持措施逐步实现从依赖资金扶持向框架性系统化扶持转变（姚枝仲和李众敏，2011）。第一，从 1998 年至 2006 年，扶持措施以金融和资金扶持为主。其一是设立基金支持，国家开发银行自 1998 年以来联合国内外机构合资成立了诸如中瑞合作基金（1998 年）、中国比利时直接股权投资基金（2003 年）、中国-东盟中小企业投资基金（2004 年）、中非发展基金（2007 年）等四种产业投资基金，为中国企业“走出去”提供金融支持。其二是壮大和完善私募股权基金。随着私募股权基金“出海”新规的颁布，简化了私募股权基金成立的审批程序，为企业境外投资筹措资金拓宽新渠道。其三是完善信贷支持。中国自 2004 年起先后出台《关于对国家鼓励的境外投资重点项目给予信贷支持有关问题的通知》《国家外汇管理局关于调整境内银行为境外投资企业提供融资性对外担保管理方式的通知》等文件，健全了中国企业对外投资活动的金融支持体系。其四是专项资金扶持。中国通过设立市场开拓专项资金、对外经济技术合作专项资金、矿产资源风险勘查专项资金、“走出去”专项资金等促进境外投资的政府专项资金，为企业加快走出国门进行境外投资提供资金支持。第二，2006 年以来，中国在原来制度基础上，从支持方式、公共服务、投资环境等方面着手，为企业境外投资提供系统化扶持。从支持方式来看，中国出台《境外投资产业指导目录》等文件，明确对鼓励类项目提供财政支持、税收优惠、外汇支持、海关便利、信息提供、金融支持等多元化扶持。从公共服务来看，中国每年更新发布《国别贸易投资环境报告》《对外投资合作国别（地区）指南》等文件，利用驻外使馆信息便利等优势，为境内投资者提供境外市场近况，帮助其更好地做出投资选择。从投资环境来看，中国通过与其他国家（地区）签

署自贸协定、双边投资协定等方式，为企业境外投资营造稳定、便利、可预期的经济环境。

（三）促进投资主体多元化发展，推动企业优化全球资源配置

中国扶持引导类对外投资政策从“强制性”政策工具（如对境外投资项目实行严格的审批制度）向“混合性”政策工具（如综合使用信贷支持、税收补贴、专线资金扶持等手段）转变，在促进境内投资者多元化发展、引导企业实现全球资源配置方面具有重要作用（张默含，2014）。一是推动实现境外投资“国民同进”。近年来，得益于对外投资扶持政策不断升级，民营企业海外实力迅速发展，与国有企业在境外投资中并驾齐驱。2018 年，在中国对外非金融类直接投资流量规模达 1213.2 亿美元，其中国有企业在中国对外非金融直接投资中占比 48.0%，同比下降 1.1%，非国有企业的占比则上升至 52.0%，后者包括有限责任公司（17.7%）、股份有限公司（8.8%）、个体经营（5.9%）、私营企业（7.1%）、港澳台商投资企业（5.4%）、外商投资企业（3.1%）、股份合作企业（0.5%）、集体企业（0.3%）、其他（3.2%），可见境内投资种类渐趋多元化（商务部等，2019）。二是促进企业优化全球资源配置。针对中小民营企业境外投资面临的问题，工信部在 2016 年出台了《促进中小企业国际化发展五年行动计划（2016—2020 年）》，该计划提出了多项针对性解决措施，引导和鼓励企业引进国外技术、资产、人才及先进的管理经验等优势资源（苗绿等，2017）。得益于此，中国企业迅速提升境外投资竞争力，其主要体现在以下两方面。一方面，投资区位分布更加广泛，2018 年中国对外直接投资分布范围广，多达 188 个国家（地区），覆盖全球超过 80%的国家（地区）。另一方面，投资行业领域不断扩大，2018 年，中国对外直接投资领域已经涵盖了国民经济的 18 个行业。

第三节　“一带一路”背景下中国企业“走出去”政策新特征

中国 40 多年经济社会发展的实践证明：对外经贸开放和对内产业转型是推动中国经济高速发展的重要法宝。“一带一路”倡议的提出带来了超出预期的效果，同时对中国对外开放赋予了新的特征。依托“一带一路”建设，中国对外直接投资的模式出现了新的气象，企业“走出去”过程中形成了典型模式。本节总结归纳“一带一路”倡议背景下企业“走出去”政策的新特征，提出优化对“一带一路”区域直接投资的政策思路，以充分发挥其对母国产业升级的回溯效应，加快国内产业结构调整和传统企业转型升级。

一、“一带一路”背景下企业“走出去”的三种典型模式

为了响应“一带一路”倡议，中国企业积极加强与沿线国家在经济上的往来。企业向“一带一路”沿线国家“走出去”主要采用绿地投资、跨国并购和集群式投资三种模式。同时，为降低投资风险，增加投资收益，响应投资政策，部分企业以在东道国建立产业园区的方式抱团“走出去”。

（一）绿地投资模式

在“一带一路”倡议支持下，企业基于优惠政策更愿意选择以“一揽子”生产要素投入的方式在东道国兴建全新企业，形成新的生产能力。在政策的鼓励和引导下，中国企业“走出去”的主要动机是效率寻求和效率导向，即开拓国际市场和降低生产成本。据亚洲开发银行公布的数据，中国企业于2018年在亚洲44个发展中国家绿地投资金额达549亿美元，成为中国海外投资的新增长极。目前，中国企业对“一带一路”沿线国家或地区的绿地投资方兴未艾。例如，广东东莞不少企业正探索前往“一带一路”沿线的埃塞俄比亚、越南、泰国、马来西亚等国投资设厂，这些企业寻求利用“一带一路”沿线国家的劳动力、原材料及其他资源扩大生产规模，同时希望开发当地的消费品和工业物料市场。

（二）跨国并购模式

在全球跨国并购浪潮下，中国企业进行跨国并购是响应政策的最有效手段。2018年，中国企业在“一带一路”沿线国家和地区共计实施海外投资并购433起，覆盖了63个国家和地区，实际交易金额高达742.3亿美元（商务部等，2019）。其中，并购领域涉及制造业、信息传输/软件和信息技术服务业、采矿业、文化/体育等行业大类。在“一带一路”倡议的推动下，中国企业主要投资目的地集中在新加坡和欧洲等发达国家或地区，投资行业集中在高端装备制造、医药科技、高端材料研发等领域，投资企业有强烈的技术寻求和战略资产寻求动机，希望通过并购先进技术企业来提升自身的生产技术。

（三）集群式投资模式

为响应国家投资政策，国内部分企业联合生产关联的企业一起抱团“走出去”，促进产能的国际转移。政府通过在东道国建立产业合作园区，鼓励企业集群式投资。产业合作园区不仅可以发挥国内企业“走出去”的集群效应，整合国内外的产业链，还可以获得“一带一路”东道国的优惠政策和制度保障，降低对外直接投资的风险。集群式投资模式下，“一带一路”沿线产能合作平台迅速推广至马

来西亚、沙特阿拉伯、伊朗、白俄罗斯、埃塞俄比亚、南非、肯尼亚等发展中国家。截至2019年9月，中国企业在沿线46个国家在建的境外经贸合作区中累计投资426.9亿美元，入区企业达5452家，极大地促进了当地经济发展，并向东道国上缴税费约40.9亿美元，提供就业岗位超过36万个（商务部等，2019）。政府通过央企建设产业园区的交通（港口、公路）、通信、能源等基础设施，吸引国内钢材、水泥、平板玻璃、电解铝等行业及劳动密集型制造业集群“出海”，形成了“央企扛旗，民企紧随”的投资对接模式创新。

二、“一带一路”背景下企业“走出去”路径特征

“一带一路”倡议的持续发力，加强了地区间的资源整合，为企业“走出去”提供新的路径。政策的有效实施极大地推动了各方产业经济共同发展，进一步拉紧沿线碎片化的双边和多边关系，进而构建新的国际经贸合作机制，最终营造高质量发展的开放环境。因此，企业“走出去”路径得到了新的发展，通过促进出口贸易、稳定资源供给、转移弱势产业和获得先进技术等方式来促进国内产业经济的持续发展。

（一）企业“走出去”促进出口贸易发展

国际贸易是对外开放格局多元化构建的重要手段之一，也是中国经济增长的重要渠道。通过在东道国设立分销渠道，促进两国间货物贸易效率，有利于双方经济的长效增长。另外，由于全球经济的放缓、贸易保护主义的抬头和非贸易壁垒的增多，国际贸易摩擦和争端日益增多，极大限制了贸易自由。基于以上两方面考虑，企业希望借助“走出去”政策发挥两国间进出口贸易活动的协同效应，扩大货物与服务在进出口贸易中的影响力，促进贸易结构的多元化发展，加快产业结构转型升级。

（二）企业“走出去”稳定资源供给

随着经济发展和技术更新速度的加快，国内企业希望在“走出去”过程中开辟稳定的资源来源地。因此，“一带一路”倡议的提出为中国企业对外直接投资提供了广阔的平台。现阶段，中国经济社会发展对矿产、能源等资源的需求持续增多,可靠稳定的资源供应是维护国家经济安全和实现经济持续发展的重要保障。为了扩充资源供应的来源，资源密集型企业“走出去”往往选择绿地投资或者跨国并购的方式获得标的控制权，从而保证供应机制和扩大供给渠道，利用沿线国家在资源储备上的优势，使国内产业在新一轮技术改革中获得基础保障，推动国内经济的稳定增长。

（三）企业“走出去”转移弱势产能

面对国内产能过剩和生产要素价格上涨，企业急需进行国际产能转移，以加快产业升级的步伐。在新一轮产业转型的浪潮下，鞋帽、纺织、制衣等传统劳动密集型制造业在产业升级中的比较优势弱化，部分产业甚至出现产能过剩。企业在发展中国家和地区进行直接投资，转移弱势产业到具有互补优势的发展中经济体，可以充分利用东道国较廉价的生产要素，在对外投资政策的加持下，既可以使传统企业有能力进行转型升级，保障传统产业的平稳发展，又可以实现母公司业务的国际化。另外，通过将弱势产业转移到发展中国家（地区），推动东道国经济的发展，进一步扩大投资的领域。通过产业的有效转移，国内产业可以重点发展产品研发、渠道管理、品牌运营等业务，逐渐走向“微笑曲线”的两端，从而实现转型升级。

（四）发展多元化业务

对外直接投资政策能助推国内企业的多元化发展，加快与国际市场接轨的步伐。在某些行业的生产环节，如汽车、高端装备制造业、高端材料行业等，中国企业的技术与附加值显著低于发达国家同类企业水平。因此，借助对外直接投资的政策优惠，企业能加快国际化的布局，通过多渠道获取先进的技术，进而反哺国内经济。国内产业结构中轻工业特征显著，技术含量低、附加值低的加工企业所占比例较大。企业通过跨国并购发达国家拥有先进技术的企业，或与发达国家企业组建战略联盟，以较低成本与东道国企业进行技术联合研发，打破产业技术壁垒，通过技术溢出和转移，提高母公司的技术水平，快速提高生产效率，扩大生产规模，提升生产质量，促进国内产业转型发展。

三、“一带一路”背景下企业“走出去”政策制定新方向

中国积极顺应全球化潮流，推进“一带一路”建设，建立了多边投资合作机制，为对外投资政策的制定指明了新的方向。促进企业对外直接投资，在“一带一路”沿线开展产能合作，深化内外联动的产业升级机制，有赖于各级政府出台相关的政策法规与保障措施。

（一）加快双边投资条约谈判，提升规制保障能力

加大与周边国家在双边规则制定上的合作力度，为“一带一路”倡议的推进扫清障碍。作为特殊性制度保护机制的双边投资条约（Bilateral Investment Treaties, BITs），能够弥补东道国制度的缺位和改善母国制度支持的不均衡性（宗芳宇等，2012），对中国在发展中国家的对外直接投资具有显著促进作用（冀相

豹，2014；杨宏恩等，2016）。截至 2019 年 1 月，中国已与“一带一路”沿线绝大部分国家签订了 BITs，覆盖率高达 83.1%[①]。但是，现有的 BITs 已不再适应经济发展的需要，其中约有 65%的 BITs 签订于 20 世纪，部分协定面临终止，一些既有条款也已无法满足接轨国际新规则新标准的要求。因此，对 BITs 的更新升级是深化“一带一路”“走出去”等政策的实施、实现国际投资合作的协同良性互动，以及增强中国国际经贸合作制度性话语权的重要保障。

（二）构建合理产业布局，壮大跨国经营市场主体

为了实现产业布局的合理化，扶持壮大投资主体，政府应强化政策的引导功能。一方面，政府应加强对企业对外直接投资的合规性检查及境外大项目协调，抑制企业海外非理性投资倾向，引导企业投资发展中国家的制造业及发达国家的高新技术行业，鼓励企业借助“一带一路”倡议促进产业升级。另一方面，政府应大力培育跨国公司，壮大“一带一路”跨国经营市场主体。例如，参考国际通行标准，结合企业国际化发展实际，制定符合企业国际化需要的标准，引导企业国际化建设朝正确的方向发展。鼓励强强联手，探索组建混合所有制的国际化产业集团，推动工业企业与内外贸企业组建“一带一路”倡议联盟，联合“走出去”，鼓励对外承包企业联合承揽“一带一路”大型项目。

（三）加强援助，多方联动提供资金动力

落实税收优惠政策，为企业海外投资活动提供原动力。一方面，政府应加强跨国税务合作，同时针对对外直接投资出台税收优惠政策，减轻企业对外投资税负。需要注意的是，海外税制与中国税制的差异较大。为避免双重征税，保障海外投资企业的合法权益，政府有必要与“一带一路”沿线国家建立双边深度税务合作，通过延期征税、补贴税收等形式鼓励相关企业进行海外投资。在国内税制改革方面，争取在税制设计中将企业在海外投资过程中大量涉及的研发、设计、咨询辅助及国际运输等应税服务纳入出口零税率范围，对向境外提供技术转让等服务免征增值税；在税负不变的前提下，企业外购货物、劳务及应税服务的进项税额可以抵扣，降低企业经营成本。另一方面，政府应主动创造机会和条件，积极为“走出去”企业和国内外金融机构牵线搭桥，帮助企业获得信贷支持。鼓励国内企业积极争取政策性银行提供的“优惠出口买方贷款”，并积极争取为“一带一路”沿线境外加工贸易项目提供出口信贷、对外优惠贷款的基金支持。鼓励国内银行加大对重点企业“一带一路”沿线国家投资业务的贷款投放力度并简化

---

① 资料来源：《中国投资指南》，2019 年 11 月 19 日，http://www.fdi.gov.cn/1800000121_71_1607_0_7.html [2020-08-09]。

流程，对中资企业向国内银行的海外分支机构贷款给予便利。在国内各大自由贸易试验区试行开放自贸账户，先行先试，为区内企业“走出去”提供海外资金。鼓励政策性保险机构（中国出口信用保险公司等）为企业在“一带一路”沿线国家对外投资和经济合作中遇到的政治风险提供保险服务，鼓励商业保险公司参与对外投资和经济合作的各类商业保险险种开发。

（四）建立服务平台，健全服务体系

企业走向“一带一路”沿线国家，往往需要克服资金、信息、风险等一系列障碍。政府可以构建企业“走出去”服务平台，为境外投资的企业提供翻译、会计、政策咨询等服务，确保企业在海外投资的全过程都能获得准确信息和接受相应指导。政府应鼓励“走出去”的大型企业发挥引领带动作用，带动国内中小企业开展跨国经营，加强集群式“走出去”，形成完整产业链，为“走出去”大型企业海外投资提供完善的产业配套。政府应积极牵头与东道国洽谈建立互惠互利的产业合作园区，统一负责中资企业对当地政府和海关的公共关系，针对在当地生产经营活动中遇到的问题，向东道国政府提出改善投资环境方面的具体要求，协调和处理区内企业与当地雇员的劳资纠纷。

第四章　全球投资战略选择和国别实践

梳理中国对外直接投资政策的发展历程后可以发现，政府通过制定和实施三类政策对企业海外投资进行规范、引导和扶持，这些政策互相配合、共同作用，对中国企业对外直接投资有着极大的影响。特别是在“一带一路”倡议提出以后，政府陆续出台多项政策，积极推动中国企业向“一带一路”沿线国家进行直接投资。为了吸取别国经验，更好地为中国的全球投资战略选择出谋划策，本章从全球投资战略选择的角度阐述各类国家的投资战略取向，同时介绍各国在对外直接投资政策制定方面的经验。一方面，对不同类型国家对国际投资战略选择进行横向比较，简述对外投资治理中显示出的态度和治理方式。另一方面，主要对对外直接投资政策实施效果显著的国家进行介绍，总结其对外直接投资政策制定的成功经验。

第一节　各类国家的全球投资战略取向

各国对国际投资的制度选择与治理政策有较大的差异，其中，发达国家对对外直接投资和对外商直接投资的态度呈现出两极分化的现象，而新兴经济体与其他发展中国家则对外商直接投资与对外直接投资总体采取积极态度。

一、发达国家

发达国家凭借经济上的优势和稳定的投资环境，成为其他国家纷纷选择投资的目的国。由于国外资本对国内产业发展会有较大影响，在是否扩大对外直接投资和外商直接投资上，不同发达国家采取不同的策略，部分国家表现出积极鼓励的态度，而部分国家则采取消极排斥的政策。

（一）对对外直接投资的态度两极分化

发达国家对对外直接投资的态度呈现出两极分化的趋势。如图 4-1 所示，在 2018 年，部分发达国家如法国、瑞士的对外直接投资有着稳定的增长，而日本、德国、英国和加拿大则出现较大的跌幅。出现此种情况的主要原因有两个。一方面，“逆全球化”浪潮兴起，部分发达国家吸引产业回归本土。随着全球经济结构与国际分工的深刻调整，新兴经济体加大了对低端制造业市场的争夺，也提高了对高端制造业的重视程度。美国、德国、英国等发达国家为了抢占国际产业竞争的制高点，也为了增加本国的就业机会，通过创造税收、重构分工体系、刺激内需、扩大投资、完善价值链等手段实行产业回归战略。因此，这类发达国家开始实施减免本土回流企业税收及提供其他优惠的政策。2018 年，美国将企业税从 35%削减至 15%，从而鼓励资本回流，此举吸引了包括苹果公司在内的一批美国企业将国外的生产制造业务迁回国内。受到该项政策的直接影响，美国当年对外直接投资资金负流出，并跌出对外投资前 20 名的经济体名单。此外，这类发达国家还重新审视多项贸易协定，通过舆论导向、宣传国内的繁荣经济和先进技术、实行“再工业化”计划等一系列的经济政治政策吸引产业回归本土。另一方面，在资源禀赋差异的驱动下，部分发达国家如西班牙，鼓励产业寻求低要素成本区域。企业在这类地区可以大幅降低生产成本，如劳动力成本、生产资源及材料成本等，同时对国家而言也可以减少国内的环境污染和资源消耗。

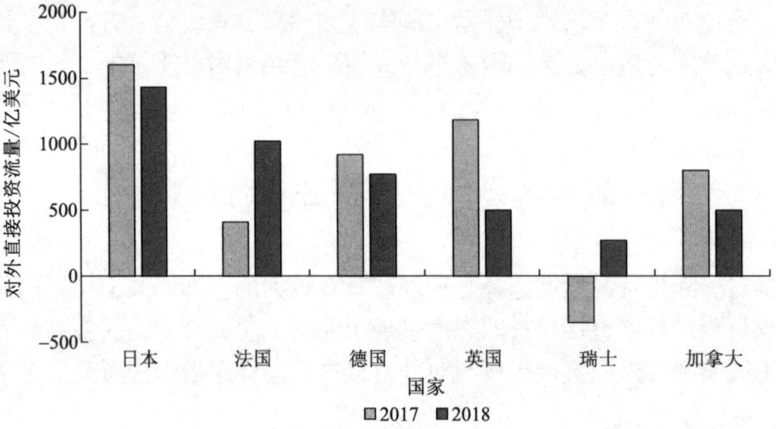

图 4-1　2017—2018 年部分发达国家对外直接投资流量

资料来源：《2019 年世界投资报告》

（二）对外商直接投资的态度两极分化

各发达国家在利用外商直接投资方面也持有不同的态度。由图 4-2 可知，2017—2018 年，荷兰、西班牙、澳大利亚和加拿大等发达国家加大吸收外商投资力度，2018 年外商直接投资流量有着较明显的增长。但传统的外商直接投资目的地如美国、英国由于出台一系列限制外资政策，外商投资资金有所回落。一方面，贸易保护主义和单边主义势力抬头，部分发达国家限制外商直接投资。外商直接投资对本土产业来说无疑是巨大的挑战，为了保护本土产业尤其是高新技术产业和战略性新兴产业，以及为了鼓励更多本土产业回流，部分发达国家如美国、德国、日本等，开始实行更为严格的措施以限制外商直接投资，如提高外商投资准入门槛、限制本土企业与外国企业合作、提高税收、收紧政策便利优惠等。以美国为例，美国出台外商投资审查新规，新增简易强制申报程序，限制 27 个行业外资非控制投资。此外，德国也有计划扩大对外商投资国家安全审查范围。另一方面，部分发达国家继续加大力度吸引外商直接投资。外商直接投资可以在很大程度上增加当地的税收收入、财政收入，并且高端产业的技术溢出效应可以帮助加快国内产业的转型升级，完善产业链等。加拿大、澳大利亚等发达国家通过完善外商投资立法、改善营商环境、提供政策便利等措施吸引外商直接投资。澳大利亚通过宣传其经济活力、战略性商业位置，并持续加强跨国贸易和投资联系，健全治理机制，提高政治稳定性，跻身全球外商直接投资十大目的地国家行列。

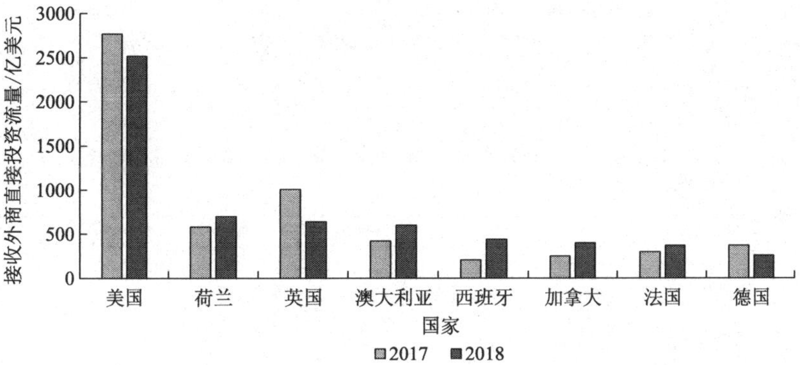

图 4-2　2017—2018 年部分发达国家接收外商直接投资流量

资料来源：《2019 年世界投资报告》

二、新兴经济体

新兴经济体总体鼓励国际投资，在吸引外资的政策上采取积极的态度。新兴经济体在对外直接投资和外商直接投资两个方面均采取积极态度，通过简政放权、减免税收等方式加大国际投资吸引和支持力度。

（一）积极鼓励对外直接投资

新兴经济体普遍采取积极态度鼓励企业海外投资，对外直接投资整体呈上升态势，对外投资范围不断扩大。一方面，新兴经济体企业对发达国家投资不断增加。新兴经济体对发达国家的直接投资大多为技术寻求型，利用技术溢出效应来缩小同其他国家和地区的技术差距（茹玉骢，2004），实现国内产业的转型升级，同时加速全球布局，扩大国际市场，获得技术和品牌等战略资产，在国际市场中建立竞争优势，加快国际化，进行战略创新等。例如，印度和俄罗斯对技术领先国家的直接投资已对其本国技术进步起到显著促进作用（付海燕，2014）。另一方面，新兴经济体对其他发展中国家的投资不断增加。这在一定程度上可以刺激国内的产业结构升级，同时对外投资企业可以利用低成本要素提高自身的竞争力，在国际市场上获得更显著的竞争优势。因此，新兴经济体国家扩大对外直接投资，推行“走出去”战略，鼓励国内企业参与国际市场。以中国为例，2018 年发布的《对外投资备案（核准）报告暂行办法》，是新时代中国对外投资管理的重要基础性制度，深化简政放权，创新监管方式，为对外投资企业提供精准服务，保障推动企业更好、更稳地“走出去”。此外，中国还设立了对外投资专项资金，简化境外投资管理，提供各种境外投资咨询服务，旨在为企业对外投资提供更多的便利和支持。近年来，作为新兴经济体的金砖五国也在不断调整对外直接投资政策。以投资存量为例，金砖五国在 2013 年仅为 14 981.18 亿美元，而到了 2018 年则为 29 161.96 亿美元，增长率超过 94%。在投资流量上，由于国际经济增长速度放慢及部分国家在外商投资领域的审查趋严，金砖五国对外直接投资资金有所调整（图 4-3）。

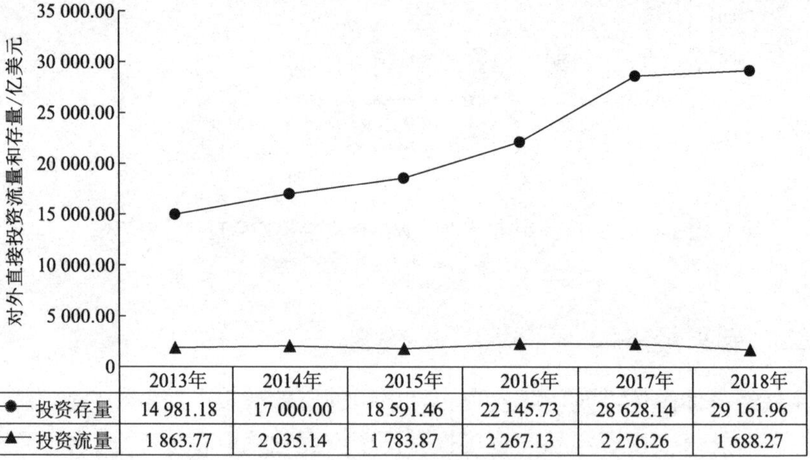

	2013年	2014年	2015年	2016年	2017年	2018年
投资存量	14 981.18	17 000.00	18 591.46	22 145.73	28 628.14	29 161.96
投资流量	1 863.77	2 035.14	1 783.87	2 267.13	2 276.26	1 688.27

图 4-3　2013—2018 年金砖五国对外直接投资流量和存量

资料来源：联合国发展和贸易会议

（二）积极鼓励外商直接投资

新兴经济体国家普遍鼓励外商直接投资。外商直接投资可以有效地促进当地的产业发展，并有助于推动产业结构优化。同时，外商直接投资也可以最大限度地利用技术溢出效应，学习和吸收国外的先进技术，促进本国的技术创新，在竞争中实现本国企业的快速发展，提高国际市场的竞争力。为了鼓励外商直接投资，新兴经济体国家大力实行“引进来”战略，不断优化营商环境，降低外商投资准入门槛，设立外商直接投资专项资金。例如，中国部分省市如四川、江苏、天津、重庆相继发布关于鼓励外商直接投资的若干优惠政策，对于引进先进生产技术的外商投资企业减免一定比例的企业所得税、提供专项优惠贷款、优先安排建设用地、优化审批手续等，为外商在本国投资提供各方面的优惠和便利，吸引更多的外商投资。

三、其他发展中国家

其他发展中国家总体鼓励国际投资，在对外直接投资和外商直接投资两个方面均采取积极的态度，通过完善基础设施、改善营商环境、提供税收减免等方式加大国际投资吸引和支持力度。

（一）积极扩大对外直接投资

由于国内经济内在发展需要，部分发展中国家积极开展对外直接投资。扩大对外直接投资可以为本国培育开展国际业务的专业人才，增强企业的国际竞争力，扩大国际市场和开拓新市场，也可以在国外寻求低廉的生产要素以降低生产成本，提高生产效率，减轻企业在国内发展所面临的压力。鉴于此，其他发展中国家积极扩大对外直接投资，逐步扩大投资规模、投资范围。由图 4-4 可知，部分发展中国家积极鼓励企业进行海外投资，如沙特阿拉伯、泰国、阿联酋等都保持着对外投资流量的增长，其中，以沙特阿拉伯的增长率最高。以泰国为例，泰国鼓励本国企业对外直接投资，促使企业投资进一步自由化，央行提高贷款额度，为企业提供资金支持，政府为本国企业纺织产品出口到美国和欧洲提供相应优惠税率，同时设置专业部门为企业提供市场信息、制定经济政策和法律法规。

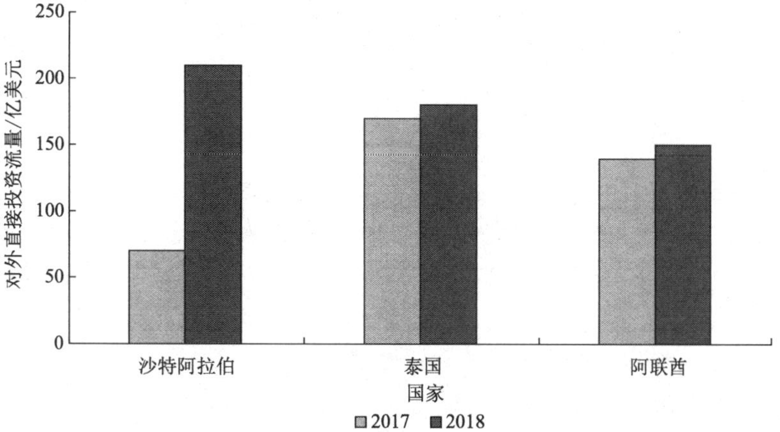

图 4-4　2017—2018 年部分发展中国家对外直接投资流量

资料来源：《2019 年世界投资报告》

（二）积极引进外商直接投资

其他发展中国家重视利用外商直接投资。外商直接投资可以促进东道国融入国际分工体系，增强市场形成能力，扩大市场规模，为国家的经济发展提供资金支持，推动国民经济的发展。因此，其他发展中国家鼓励外商直接投资，优化本国的营商环境，为外商直接投资提供政策上的优惠和支持。近年来，发展中国家积极引入外资，放宽外商投资门槛，加快国内经济发展。除作为最大的发展中国家中国外，印度和越南在吸收外资上也保持稳定的增长（图 4-5）。以越南为例，越南近年来鼓励外商直接投资，发展对外经济关系，并加强在高新技术领域的外资项目，进一步整顿国内市场秩序，建设完善的法律法规和金融运行体系，不断优化投资环境。

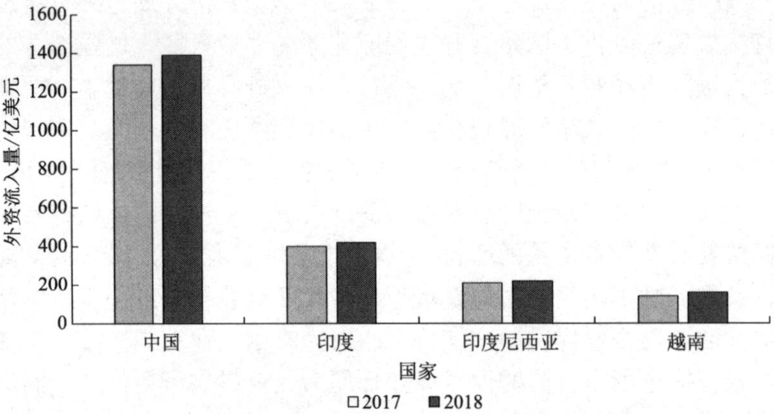

图 4-5　2017—2018 年部分发展中国家外资流入量

资料来源：《2019 年世界投资报告》

第二节　对外直接投资政策制定的国际成功经验

西方发达国家对外直接投资发展历史悠久，在制定投资政策方面经验丰富。美国、欧盟、韩国、日本等国家和地区对外直接投资发展较为成熟，历年来保持了较高的对外直接投资流量，其在鼓励对外直接投资的政策路径和管理手段方面值得中国借鉴。本节将深入探讨发达国家和地区在制定全球投资战略时所做的部署，为下文探讨制定适合中国的全球投资战略提供参考。

一、美国

美国政府鼓励企业和私人进行海外投资，不仅在法律层面上制定了一系列法律法规以保护对外直接投资活动，还在国内政策上提供制度保证，有效地促进对外直接投资的发展。截至2017年，美国作为最发达的经济体和全球投资流入量与流出量居榜单靠前位置甚至常年占据首位的国家，在制定对外投资政策和保障机制方面值得中国学习。

（一）美国对外直接投资制度建设的案例分析

美国主要通过法律机制、金融支持、税收三个层面推动其对外直接投资发展。

（1）美国在法律机制层面高度重视，专门制定有关法律保护和支持对海外投资活动，拥有健全的海外投资保障制度。美国于1948年开始实施的马歇尔计划是美国海外投资保障制度的滥觞，其主要特征是，由政府与他国进行双边协议洽谈，然后政府通过海外私人投资公司（Overseas Private Investment Corporation, OPIC）为从事双边经贸活动的企业提供政治风险保险服务，该制度有助于奖励、促进和保护私人海外投资的安全与利益。政府部门出台了《经济合作法》《对外援助法》《共同安全法》等法律法规来规范、保护和促进对外直接投资，通过法律机制的建设来推动对外直接投资的发展。

（2）在金融支持方面，美国进出口银行和海外私人投资公司给予的支援是其金融支持的主要构成。第一，美国进出口银行所提供的对外贷款业务有助于提高企业在国外的竞争力。美国进出口银行为本土企业在对外投资活动中提供两项贷款业务：一项是开发资源贷款，另一项是私人对外直接投资贷款，可以看出两项业务主要是为企业对外投资提供资金的支持和援助。第二，美国为海外投资企业提供投资保证及保险。1961年，美国设立国际开发署接管海外投资保证业务。1969年，美国设立海外私人投资公司，该公司承担了美国国际开发署主要的对外投资业务，逐渐成为向美国企业提供国际海外投资保证和保险服务的主要机构。

（3）在税收方面，美国实施了促进对外直接投资的税收政策。美国政府早在20世纪初就开始实行纳税优惠以鼓励私人资本对外投资，税收优惠虽经多次修改，仍然是鼓励美国企业参与对外直接投资的重要工具，主要包括所得税优惠及关税优惠两种形式。在所得税优惠政策方面，美国设立了分类的综合限额税收抵免政策、延迟纳税政策、经营性亏损结转政策等；在关税优惠政策方面，美国海关税则规定部分行业的生产装备及零部件，若是在海外制造、加工和装配的过程中使用美国产品，则可以在进口时享受减免关税的优惠，并参照此类产品在国外价格增值的部分征收进口关税。然而，美国正在进行的税收改革将对企业对外直接投资产生极大的影响。2017年12月22日，美国总统特朗普正式签署《减税与就业法案》，并于2018年起正式实施。在美国税收改革方案中，最为引人注目的是全球课税体系调整。此税收改革法案对跨境所得征税政策做了重大调整，包括实行属地征税、超额利润征税、向境外提供无形资产减税、关联交易付费征税。美国于 2017 年实施的税收改革促使美国跨国企业在 2018 年前两个季度将大量海外收益汇回，因此跌出了全球 20 大对外投资经济体名单。

通过上述三大类政策的推行，美国对外直接投资在世界舞台上基本占据首席地位。联合国贸易和发展会议发布的《世界投资报告》显示，2014—2017 年美国对外直接投资的流入量及流出量皆为世界第一。其中，2017 年的对外直接投资流量达 3003.78 亿美元，投资流量与存量均为历年最高（图 4-6）。但是在 2018 年，美国实施新税法从而限制国内资本外逃，使得大量企业将投资资金汇向国内，导致当年的投资流量为–635.50 亿美元。美国对投资限制的不断增多，也给全球投资带来较大的影响。

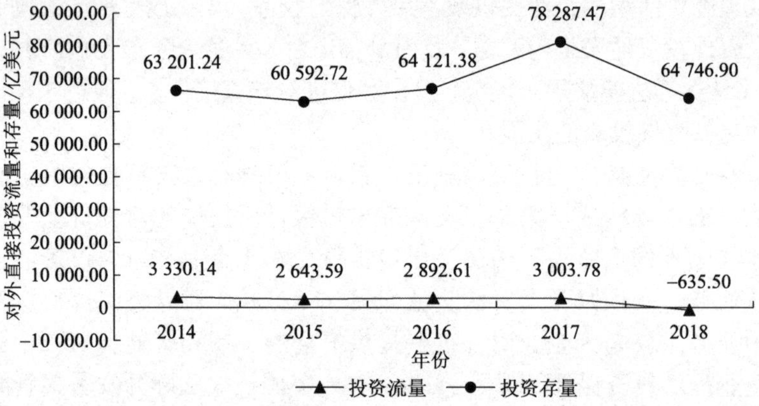

图 4-6　2014—2018 年美国对外直接投资流量和存量

资料来源：根据 2015—2019 年《世界投资报告》整理所得

（二）美国对外直接投资制度建设的经验总结

美国对外直接投资制度建设的案例分析中，有两点经验值得中国借鉴。一是要提高对对外直接投资相关法律法规的重视程度。中国应积极搭建法律平台，建立健全海外投资保障制度，在促进企业进行对外直接投资的同时保障其在海外的合法权益，增强投资者的信心。二是要完善融资及税收支持政策。在融资方面，中国应建立多主体、多维度的融资体系，从根本上支持企业海外投资，确保投资活动得以存续。在税收方面，中国应实施税收补助等多种形式的优惠支持政策，降低投资主体的税收负担，从而促进私人及企业参与对外直接投资。

二、欧盟

作为世界上最为成功和最具影响力的区域一体化组织，欧盟建立了统一的对外直接投资政策及制度，对对外直接投资活动采用相同的监管手段，极大地协调和推动了区域内各国的对外直接投资发展。法国、德国、荷兰等国家常年位居世界对外直接投资额排行榜前列，可见欧盟的对外投资发展较为成熟，其对外直接投资政策制定的经验对中国具有参考价值。

（一）欧盟对外直接投资制度建设的案例分析

欧盟采用统一的专利制度及对外直接投资法律，对其成员国对外直接投资进行管理，促进欧盟区域经济共同发展。

首先，欧盟重视技术专利保护，设立统一的专利制度，有效促进欧盟技术转移，以技术带动对外直接投资发展。欧洲专利局（The European Patent Office，EPO）发布的《欧盟专利、贸易及对外直接投资研究报告》指出，统一专利制度将有效促进欧盟技术转移，欧洲专利制度的协调与改善将可能使欧盟高技术产业的贸易和国际直接投资分别提升到 2%和 15%，贸易和国际直接投资年增长将分别达到 146 亿和 18 亿欧元。由此可见，统一专利制度有助于消除知识产权和技术密集型产业中存在的对外直接投资限制，有助于促进欧盟国际直接投资的增长。

其次，欧盟制定统一的对外直接投资法律，实现了外国直接投资领域的权能向欧盟转移，有助于完善欧盟对外直接投资制度与政策建设。2009 年 12 月，《里斯本条约》正式生效，意味着欧盟获得了对外直接投资的专属管辖权。目前，欧盟外国直接投资法律主要由《里斯本条约》及欧盟为执行该条约而颁布的两份文件组成，其中《里斯本条约》是欧盟的宪法性条约，确立了欧盟的专属管辖权；欧盟委员会于 2010 年 7 月 7 日所公布的《推进广泛的欧盟国际投资政策》及《成员国与第三国间双边投资协议的过渡性安排》两份文件则将建立共同的投资政策视为欧盟经济发展的首要目标。

通过以上两方面的政策建设，欧盟利用区域一体化经济发展模式，完成权能转移，统一规范其成员国对外直接投资的模式，形成了多国共同发展的良好局面。《2019 年世界投资报告》显示，2018 年法国对外投资额排名世界第三，德国为第五名，荷兰为第六名。如表 4-1 所示，受到美国税收改革的影响，欧盟内部分成员国对外投资的流量也是涨跌不一。其中，英国在对外投资流量从 2017 年的 1175.44 亿美元急剧降至 2018 年的 498.79 亿美元，降幅达 57.57%。而德国、意大利和瑞典在 2017—2018 年也出现较大的资金减少。与此相反的是，法国和爱尔兰在 2017—2018 年则出现对外投资流量和存量的增长，这是由于这些国家调整海外投资政策，引导企业进行多元化投资。

表 4-1　2014—2018 年欧盟部分国家对外直接投资额（单位：亿美元）

国家	2014 年		2015 年		2016 年		2017 年		2018 年	
	投资流量	投资存量	投资流量	投资存量	投资流量	投资存量	投资流量	投资存量	投资流量	投资存量
法国	497.83	12 942.21	531.96	12 681.86	648.03	12 848.69	412.57	14 665.15	1 024.21	15 078.20
德国	918.41	13 986.32	1 098.91	13 691.64	712.43	13 676.59	917.98	16 451.29	770.75	16 454.15
荷兰	593.56	20 314.51	2 462.22	20 002.84	1 880.39	21 835.46	280.25	25 231.71	589.83	24 273.44
英国	–151 2.85	16 812.90	–668.21	16 054.22	–225.15	14 920.11	1 175.44	17 736.32	498.79	16 965.29
西班牙	338.37	5 026.81	402.63	4 874.54	436.20	5 106.56	399.63	5 832.17	316.20	5 629.30
意大利	263.16	4 906.77	223.09	4 683.50	177.51	4 685.43	256.72	5 570.73	205.75	5 488.34
爱尔兰	411.80	6 188.33	1 684.12	9 096.80	300.63	8 565.99	–390.90	8 600.57	132.72	9 121.65
瑞典	91.93	4 033.38	129.13	3 592.55	323.39	3 583.16	227.64	3 888.80	200.27	3 711.30

资料来源：根据 2015—2019 年《世界投资报告》整理所得

（二）欧盟对外直接投资制度建设的经验总结

欧盟对外直接投资制度建设的案例分析中，有两点经验值得中国借鉴。一是重视技术专利保护，促进中国自主创新能力提升，利用科技成果增强中国企业的国际投资竞争力。二是建立健全法律法规体系，规范对外直接投资责任等相关流程事务，并利用地理位置优势，促进区域协同发展。

三、日本

随着日本经济实力的增强，日本对外直接投资从无到有，从少到多，《2018 年世界投资报告》显示，2018 年日本对外投资额达到 1430 亿美元，超越美国居全球首位。日本所实施的对外直接投资政策较为成功地推动了日本企业的国际化经营。因此，日本对外直接投资政策制定的经验对中国具有借鉴意义。

（一）日本对外直接投资制度建设的案例分析

日本建立了较为完善的对外直接投资政策体系，采用多种手段全面推动对外直接投资的发展。国内有健全的对外直接投资保险制度，鼓励建设对外直接投资相关机构，并采用鼓励对外直接投资的税收政策，以促进本国对外直接投资的扩大与发展。

首先，日本拥有较为健全的对外直接投资保险制度，在一定程度上降低了投资者的经营风险，有助于增强企业对外直接投资的信心。日本政府在《输出保险法》的基础上，分别在 1956 年和 1957 年设立了“海外投资原本保险”和“海外投资利润保险”等两项保险制度，旨在加快推进企业跨境投资的进程。但是，到 20 世纪 60 年代末期，日本加大对发展中国家的投资力度，为了提高投资资金的利用率，政府将上述两种保险模式合并。随着对外投资活动的增多，日本政府在原有保险制度基础上进行创新并推出了三大新险种：提前支付险、中间保险和海外投资保险。另外，为了完善对外直接投资保险的业务范围，降低海外投资风险，日本的海外投资保险业务范围涵盖政治风险、商业风险、信用风险等，极大地增强了企业海外投资的信心。

其次，日本海外投资的发展迅速，源于对外直接投资相关的政府机构与官民的联合推动。一方面，日本为促进海外投资设立了政府机构，如海外经济协力基金、日本进出口银行。其中，海外经济协力基金的主要职能是向国内企业提供来自进出口银行及其他金融机构难以提供的资金援助和服务，而日本进出口银行的主要职能则是提供出口信贷和进口信贷服务。另一方面，日本鼓励建设促进对外直接投资的官民联合投资机构，主要包括日本国际发展组织和日本东盟投资公司。此外，日本不断加强与东道国的投资联系，致力保护与扩大双边投资利益和关系，积极建立由两国政府和经济团体等参加的投资促进机构（如 1991 年 6 月建立的日中投资促进组织）。

最后，在税收方面，日本政府实施了体现资本输出中性原则的税收抵免政策，直接鼓励对外直接投资。第一，在日本国内法中有对间接抵免适用性的规定，如对持股比例和持股时间均作出规定。第二，日本采用亏损抵免的方式，通过计算综合抵免限额时允许剔除亏损额，从而降低企业在国内的税负，减轻境外投资压力。第三，税法中规定了税收饶让条款，间接增强了企业在国际投资中的竞争力。

通过以上三方面的政策建设，日本对外直接投资以与其经济发展相同的势头迅速发展。2014—2017 年对外投资额世界排行榜位居前四位，而到了 2018 年更成为世界对外投资第一的经济体。其中，对外直接投资流量逐年上涨，其中 2017 年达到历年的最高值，约为 1604.49 亿美元（图 4-7）。但是，受到外围环境的影响，日本对外直接投资流量在 2018 年有小幅下降，但不影响其成为投资大国的趋势。

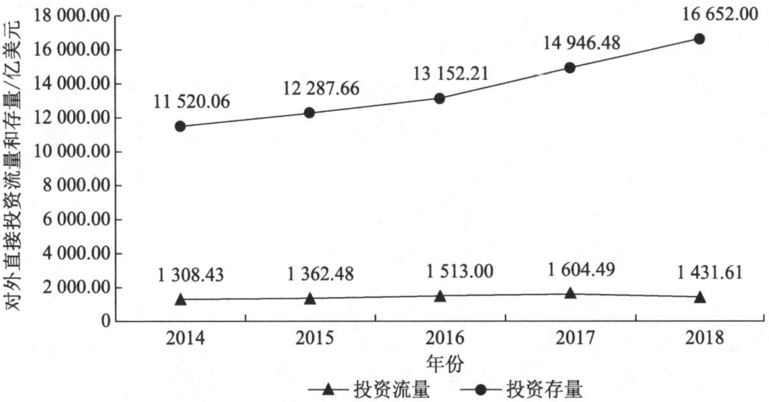

图 4-7　2014—2018 年日本对外直接投资流量和存量

资料来源：根据 2015—2019 年《世界投资报告》整理所得

（二）日本对外直接投资制度建设的经验总结

日本对外直接投资制度建设的案例分析中，有三点经验值得中国借鉴。一是要健全对外直接投资保险制度。完善投资保险相关的制度及政策，有利于降低投资者对外投资的风险。二是设立对外直接投资有关的服务机构。政府设立或鼓励民间设立资金保障、风险担保等相关服务机构，利用机构的不同职能，及时解决企业资金不足、风险抵御能力弱等问题。三是实施符合国情的鼓励性对外直接投资税收政策。税收优惠既要保证政策的可操作性，又要体现合理倾斜性及公平性。

四、韩国

韩国已进入世界发达国家行列，其对外直接投资活动相当活跃。受到自身资源和地理位置的限制，韩国比同区域其他国家更早开始发展海外投资，从而形成了现今出口导向的外向型经济形态。韩国在对外直接投资方面积累了丰富的经验，并制定了很多成功的对外投资政策，值得中国借鉴。

（一）韩国对外直接投资制度建设的案例分析

韩国实行的政府引导产业重心政策、对外直接投资核准制度、海外投资支援制度，有助于促进韩国海外投资流程简化及投资额增长。

首先，政府引导企业选择合理的产业重心，根据国情提供战略性产业支持政策。在对外投资初期，韩资企业的海外投资以资源导向型投资为主，最初把投资重心放在林业和矿业等领域。韩国对外直接投资在 20 世纪 80 年代中期以前，以资源寻求型为重点，在煤炭、石油、铁矿石等矿业及林业等领域进行了大量投资。在 1968 年至 1986 年，资源开发类投资占比过半，达到 51.4%。自 1987 年至 1994 年，韩国政府大力扶持钢铁、汽车电子等产业发展，随着国内经济的发展和对外投资经验的积累，韩国投资的重心逐步转移到汽车、钢铁等制造业，致力于将制造业打造成为第一投资产业。

其次，韩国实行对外直接投资核准制度，降低对外投资的资本限制和行业限制，从而鼓励私人及企业进行对外直接投资。一方面，随着时间的推进，韩国逐步完善制度，实施更简化的核准制。另一方面，韩国降低了对外投资的资本限制和行业限制，从而引导投资方式多样化发展。

最后，韩国实行海外投资支援制度，有助于保障海外投资安全，促进与他国的经济合作。从金融支援角度来看，韩国进出口银行提供多种类型的海外投资金融资源服务。其内容包括海外事业资金贷款、海外投资奖金贷款、开发支援资金、对外国法人的事业资金贷款等几种。同时，1987 年 6 月韩国政府建立了经济合作开发基金，旨在促进韩国与发展中国家之间的经济交往，资助韩国投资者在发展中国家进行海外直接投资，以扩大韩国出口量。从情报支援角度来看，韩国鼓励发展情报机构，向投资者提供充分的情报资源，从而最大限度地降低海外投资失败的风险，提高其成功率。20 世纪 80 年代，韩国进出口银行利用其在海内外的商业网络，向企业提供海外投资信息和咨询服务。除此之外，一系列民间机构，如大韩贸易投资振兴公社、大韩商工会议所等，开展提供海外投资情报及咨询服务的业务，业务范围囊括政治、经济动向、金融、税收、外汇等多方面的外资制度及政策。

通过以上三方面的政策建设，韩国基本建成了较为健全的海外投资制度及政策，成为亚洲领先的对外直接投资国家。由图 4-8 可知，从 2014 年起，韩国促进对外投资活动的效果日趋明显，对外投资流量和存量总体上也逐渐增多，其中 2018 年韩国对外投资流量近 390 亿美元，较 2017 年增长了 48.48 亿美元。

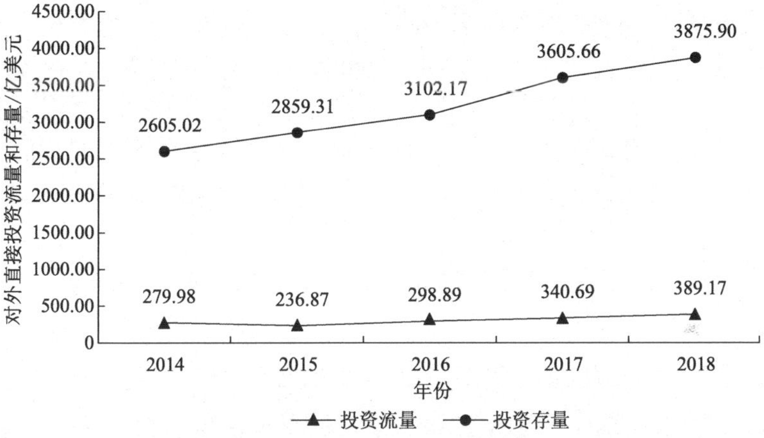

图 4-8　2014—2018 年韩国对外直接投资流量和存量

资料来源：根据 2015—2019 年《世界投资报告》整理所得

（二）韩国对外直接投资制度建设的经验总结

韩国的政府引导产业重心政策、对外直接投资核准制度、海外投资支援制度等三方面措施值得中国借鉴。一是加大企业对外直接投资的引导性政策力度，合理引导行业发展，促进服务业、批发零售业、制造业等产业的投资比重合理分配。二是进一步完善境外投资的审批管理制度，采用科学、高效的管理方案，化烦琐为便利。三是实施金融、信息技术咨询支持政策，通过政策鼓励相关机构的设立，从而降低企业境外投资风险，提高投资成功率。

第五章 中国参与全球投资战略路径选择与风险

不同的国家在面对本国企业全球投资时采取的战略并不一致，因此中国在借鉴学习其他国家经验的时候，也必须走符合国情的道路。美国、日本和英国的全球投资活动具有历史长、动因复杂、实施手段多等特点，但其政府在实施对外投资战略的过程中都会根据国家经济发展需要和全球经济环境变化而不断调整对外投资政策。对外投资政策对跨国投资有着重要的指引作用，因此，需要结合中国实际国情，探索中国参与全球投资的战略路径。近年来，中国对外投资得到了较快的发展，中国已跻身对外投资强国的第一梯队。全球政治环境和经济发展快速变化，对中国对外直接投资产生了较大的影响。因此，在构建人类命运共同体的背景下，中国以何种姿态参与全球投资，是十分值得研究的课题。本章从鼓励、引导、监管三个方面阐述中国参与全球投资形成的有效路径，系统梳理中国参与全球投资过程中面临的问题、挑战和风险，以及中国对外直接投资政策存在的问题。

第一节 全球投资战略路径的有效形成

一、完善政策设计，助推企业“走出去”

为鼓励和支持中国企业对外直接投资，加快形成合理的全球投资战略布局，中国积极实施各项优惠政策。在宏观层面，政策的实施是保障全球投资战略形成的基础，有助于提升中国企业对外投资的竞争力。在微观层面，政策的实施既有利于降低企业融资成本和赋税成本，在资金上支持企业“走出去”，也有利于扩宽企业投资渠道，增加投资动力，从而保证战略实施的可持续性。

（一）放宽政策，拓宽融资渠道

民营企业是中国最有活力的对外投资参与者，也是推动社会主义市场经济发展的重要力量。但是，由于大部分民营企业为中小微企业，面临着资金压力大、融资成本高、融资时间长等问题，阻碍了其对外直接投资。与国有工业企业相比，民营工业企业的对外直接投资更有可能从融资支持中获益（李磊和包群，2015）。因此，解决小微企业融资困难，可以大大释放民营企业活力，鼓励其“走出去”。当前，为解决融资难问题，政府以拓宽融资渠道和降低融资成本为目标，从股权融资和债券融资两方面着手，推出了多项政策。其一，通过企业资产证券化业务拓宽企业的融资渠道。自 2014 年 12 月开始实行备案制至 2018 年底，累计共有 126 家机构向政府申请备案，并有 1792 只企业资产证券化产品获得确认，备案的金额规模高达 25 643.01 亿元。其中，企业应收款类、融资租赁类及其他金融债权类产品越发受到企业青睐[①]。其二，通过推出科创板促进科技创新类企业从公开市场融资。中国的民营企业创新能力强，科技活力旺盛，担负着经济转型升级的重任。但技术变化快、研发周期长等特性，导致科创类企业的投资风险较高，造成其融资难的问题。科创板的推出为这类企业降低了在公开市场融资的门槛，通过对市值、收入、现金流、净利润、研发投入等财务指标的组合，形成了差异化的上市指标，使不同财务现状的企业均能通过上市融资，拓宽了民营企业的资金渠道。其三，合理调整企业贷款利率降低企业融资成本。中国企业目前的融资方式主要以银行贷款为主，降低贷款利率将大大减轻民营企业的债务负担，释放其经济活力。因此，政府进一步降低小微企业贷款利率，截至 2018 年 12 月，新发放的 500 万元以下小微企业贷款利率平均水平为 6.16%，较上年同期低 0.39 个百分点[②]。其四，通过加快开放金融市场缓解融资难题。外资金融机构不仅拥有充裕的资金，而且有较为丰富的风险管理经验，可为中小微企业提供融资服务。因此，降低外资金融机构的准入门槛，有助于拓宽中小微企业的融资渠道。

针对企业对外直接投资，中国政府采取了一系列措施为企业提供资金支持。中国进出口银行每年都会安排一定规模的信贷资金，用于支持国家鼓励的境外投资重点项目。财政部、商务部印发的《对外经济技术合作专项资金管理办法》为中国企业对外承包工程和对外劳务合作等提供支持。商务部和财政部提供“中小企业国外市场开拓资金”，帮助中小企业开展对外投资活动。除资金支持以外，国家发展和改革委员会等六大部委联合印发的《关于引导对外投融资基金健康发展的意见》，重点提出拓宽社会资本参与渠道、支持国内各类机构参与出资、加强与国际金融组织合作等措施，优化募资方式，拓宽企业对外投资渠道。上述举措，或拓宽了企业融资渠道，或降低了企业贷款利率，为企业提供了更便利、更实惠的资金，有利于鼓励企业“走出去”。从短期来看，对外投资需要大量的资金，而便利实惠的融资方式能够为企业“走出去”提供资金支持。从长期来看，更多的资金使企业有动力加大研发力度，提高产品附加值，从而提升国际竞争力，更好地促进企业参与全球投资。

---

① 资料来源：《中基协：资产证券化产品累计备案规模达 2.56 万亿元》，2019 年 1 月 31 日，http://sh.people.com.cn/n2/2019/0131/c139965-32600900.html[2020-08-09]。

② 资料来源：《央行：当前银行体系流动性合理充裕》，2019 年 1 月 16 日，http://jx.people.com.cn/n2/2019/0116/c186330-32536097.html[2020-08-09]。

（二）减轻税负，扩大对外投资资金池

与融资成本类似，税负也是企业的一大负担，影响着企业海外投资决策。减轻企业税负，尤其是减轻中小微企业的税负，有助于企业节省更多资金，扩充再生产资金池，支持对外投资活动。当前政府出台了一系列政策，通过减税降费释放企业活力。其一，细化小微企业的划分标准，将更多企业纳入小微企业范围内，给予优惠政策。其二，实行企业所得税超额累进税率制，使企业税征收更公平有序。其三，增加优惠税种范围，包括所得税、增值税、资源税、城市维护建设税、城镇土地使用税等 8 个税种和 2 项附加。

针对企业对外直接投资，2009 年发布的《财政部 国家税务总局关于企业境外所得税收抵免有关问题的通知》规定，允许企业境外所得缴纳的所得税在一定限额内抵减其应纳税额，具体采取分国抵免法，并对中国企业在境外缴纳的所得税的抵免层级规定不能超过三层，对于鼓励中国企业“走出去”起到了积极作用。为适应“一带一路”建设需要，推动企业境外投资，财政部、国家税务总局于 2017 年 12 月联合印发的《关于完善企业境外所得税收抵免政策问题的通知》明确规定，在现行分国（地区）别不分项抵免方法（分国抵免法）的基础上，增加不分国（地区）别不分项的综合抵免方法（综合抵免法），并适当扩大抵免层级至五层，进一步消除重复征税，降低企业境外所得总体税收负担①。这些减税降费的举措，从整体上减轻了企业税负，使其有更多空余资金。与融资成本的降低类似，这些资金无论是直接用于对外投资活动，或是用于提升自身竞争力，都对企业“走出去”有积极影响。

二、引导企业优化海外投资布局

中国政府积极发挥引导作用，多措并举，加快企业“走出去”的步伐。企业要参与全球投资需要在空间、产业和资源上精准布局。政府通过实施投资政策帮助企业优化海外投资的空间布局、产业布局及要素资源配置，从而提高企业生产效率，提升企业国际竞争力，对企业融入全球经济产生了积极作用。

（一）优化空间布局，对接全球优质市场

为使国内企业更好地开展对外投资活动，中国政府根据全球各个国家和地区的比较优势制定相应的对外投资优惠政策，引导中国企业制定对外投资策略，优化企业海外投资空间布局。其一，引导“走出去”企业优化在发达国家的布局。

① 资料来源：《两部门就完善企业境外所得税收抵免政策答记者问》，2018 年 1 月 2 日，http://www.chinatax.gov.cn/chinatax/n810341/n810760/c3001473/content.html[2020-08-09]。

鉴于中国正处于经济转型升级的攻坚期，通过对外投资学习发达国家先进生产技术与管理技术，是促进产业转型升级的重要途径。以德国为例，中国重视与德国开展高端制造业领域合作，倡导两国抓住“一带一路”倡议与“工业 4.0”战略的契机，推进两国在人工智能、物联网领域的共同研发，加快推进制造业高质量发展。其二，引导和鼓励企业优化在新兴经济体的布局。中国作为新兴经济体的一员，与其他成员有相近的发展水平和经济环境。因此，相互学习、共同探索，有利于新兴经济体成员共同进步。例如，中国积极推进金砖国家间的友好关系发展，在能源、基础设施、科技等领域展开务实合作。以网络技术为例，一批中国互联网技术企业投资南非，既加速了南非互联网发展，又促进了两国互联网技术交流。其三，引导“走出去”企业优化在“一带一路”沿线国家的布局。中国自提出“一带一路”倡议以来，与沿线 65 个国家建立了友好合作关系，努力实现互惠共赢。“一带一路”建设为制造业“走出去”提供了广阔的平台，通过与沿线国家的基础设施建设合作项目，推进国内“去产能”的进程。

综上，中国政府紧抓各国的优势，因地制宜地展开不同领域的合作。一方面，为企业确立了在不同国家投资的大方向和总目标，使企业海外投资目标更加明确，领域更加精准，成效更加显著。另一方面，为企业提供了精准可靠的信息，包括当地经济发展状况、环境状况、产业结构等，有利于降低企业前期调研的成本和投资风险。

（二）优化产业布局，占据国际产业链优势地位

当前，全球价值链重构意味着其不仅向新兴经济体延伸，而且向价值链更高层次延伸，这对推动中国经济发展而言是难得的机遇。因此，政府引导国内企业加快产业结构升级迭代，在继续充分利用传统比较优势的同时，提高高端要素利用能力进入战略性新兴产业和现代服务业，在实施全球投资战略中拥有更大优势。一方面，引导企业在海外投资中充分利用传统比较优势，在原有制造业基础上转型升级，发展先进制造业。中国是传统的制造业大国，但制造业的发展是粗放型的，主要依靠增加生产要素投入来提高产量，这种生产方式不利于企业的可持续发展。因此，转粗放型为集约型，升级低端制造业为高端制造业有深远的意义。其不仅能提升产品质量与技术水平，还能降低企业要素投入，提高生产效率，降低生产成本，增加企业价格优势。另一方面，引导企业加快进入海外高新技术产业和高端服务业，向全球价值链顶端靠拢。制造业过去仅专注生产和制造流程，导致产业附加值低，企业长期处于“微笑曲线”的低端。引导国内企业发展高新技术和高端服务业，加快由制造加工环节向前端产品研发环节和后端产品流通环节延伸，提升企业产品附加值，扩大其在国际市场的影响，更好地为企业进行对外直接投资提供配套服务。引导国内企业优化产业布局，实现

产业多元化和高端化，提高企业在国际市场的地位。

（三）优化要素资源配置，提升企业海外竞争力

释放大量沉淀资源，提高全要素生产率，是中国推进市场化改革的重要目标。中国政府引导国内企业优化要素资源配置，减少劳动力的投入，增加技术和资本的投入，有利于企业更好地“走出去”。第一，引导企业在对外直接投资中适度控制劳动力的投入比例。首先，引导国内企业对外直接投资时更多地投向资本和技术密集型产业，从而降低劳动力投入比例。其次，对于传统劳动密集型企业，引导其改变陈旧的生产模式，摆脱对劳动力投入的过度依赖。一方面，中国劳动密集型企业普遍倾向于向劳动力资源丰富的东南亚、非洲等地区转移产能，东道国当地工资水平将随着经济的发展而提高，但劳动生产率的提升空间有限，单纯地依靠劳动力的大量投入来发展是不可持续的；另一方面，劳动密集型产业附加值低，难以承受劳动力成本的不断增加。因此，要使企业在国际市场上长期保持较强竞争力，增加对外直接投资的利润，需引导企业减少劳动力的投入。第二，引导企业增加资本投入，实现可持续发展。作为可替代劳动的另一种生产要素，资本较劳动而言有许多优点。资本的跨空间、时间流动较劳动力而言成本更低，供给较劳动而言总量更多，增加资本投入能促进劳动边际生产率的提高，在工资持续上升的背景下，有利于企业提高生产经营效率，从而在国际市场赢得价格优势。第三，引导“走出去”企业增加技术投入，提高生产效率。企业拥有先进技术意味着具有更强的生产能力，投入相同的要素可以得到更多的产出。这不仅节省了企业的生产成本，帮助企业创造价格优势，同时能够缩短生产周期，有利于企业应对复杂多变的国际市场。综上所述，引导国内企业在对外直接投资中优化要素资源配置，可以提高企业生产效率，节省生产成本，在质量和价格上提高企业的全球竞争力。

三、完善企业海外投资监管机制

国内企业“走出去”给中国经济发展带来了机遇，但也带来了挑战。只有加强监管，规范国内企业有序“走出去”，才能使母国更好地参与全球投资并从中获益。因此，中国政府加强对外直接投资的技术合规监管、税收合规监管与投资合理性监管具有十分重大的意义。

（一）完善技术合规监管，合理使用技术输出

加强中国企业对外投资的技术合规管理，保障对外投资符合海内外国家安全与公民人身安全，尤为重要。第一，监督企业维护海内外国家安全。一方面，要

维护好东道国的国家安全，尤其要管理好敏感行业的对外投资。《企业境外投资管理办法》第十三条规定："本办法所称敏感行业包括：（一）武器装备的研制生产维修；（二）跨境水资源开发利用；（三）新闻传媒；（四）根据我国法律法规和有关调控政策，需要限制企业境外投资的行业。"敏感行业管理不当，将对东道国国家安全造成恶劣影响。以新闻传媒行业为例，国内企业海外经营时应当遵守当地的法律法规，不制造叛乱危言，不散播虚假谣言，否则将危害东道国社会舆论环境。另一方面，要维护好母国的国家安全，尤其要防范国内技术机密外泄。中国政府应鼓励海外投资企业在"走出去"的同时加强技术学习与技术交流，但是也必须加强监管，防范技术机密的外泄，如产品配方、设计图纸、实验数据等。这对企业而言是一种保护，保证其长期在国际市场保持技术竞争优势，获得更多利润；同时对国家而言也是一种保护，尤其是军事武器、网络信息等涉及国家安全的技术，一旦外泄，将严重威胁国家安全。因此，加强技术合规监管，对母国和东道国的国家安全意义重大。第二，监督企业维护海外雇员人身安全。目前越来越多的中国企业在"一带一路"沿线国家和地区开展基础设施建设合作项目与能源开发合作项目，为当地创造了大量的就业岗位。然而，对施工环境和施工质量的监管不当，容易出现威胁当地雇员和消费者人身安全的事件。因此，加强对外投资企业技术合规监管，保障利益相关者的人身安全十分必要。中国政府加强对外直接投资的技术监管，保障东道国和母国的国家安全与公民人身安全，使得国内企业海外投资有序合理，既是对企业利益与国家利益的保护，也有利于维护大国形象，提高国际声誉，为扩大海外投资规模打下坚实基础。

（二）深化税收合规监管，提高企业税收遵从

无论是国内投资还是海外投资，纳税是企业必须履行的义务。然而，由于海外投资过程较为复杂，且各国税法不尽相同，国际避税与国际逃税问题越发严重，造成母国与东道国的财政损失。因此，中国政府应加强对外投资的税收合规监管，保障各国的税收利益。首先，加强多边税收管理合作，共同整治国际逃税乱象。企业逃税是违法行为，不仅危及企业的可持续经营，还损害了中国的大国形象，因此应当进行严格监管。近年来，中国通过签署多边税收协议、多边税收合作倡议、多边税收征管互助公约等，还制定了《特别纳税调查调整及相互协商程序管理办法》，加强各国税务信息交流，共同惩治逃税企业。其次，加强多边税收立法合作，共同完善征税系统。部分企业对外投资以避税为主要目的，选择税法漏洞多、税务管制松的投资国，这种做法严重危害了母国的利益。加强对外投资的税收合规监管，引导企业有序经营，既有利于企业的可持续发展，也对母国与东道国财政税收有积极的作用。最后，注重对企业的管理服务和风险防

控，通过设置对外投资企业清册，做好风险跟踪管理，加强预警提醒，帮助企业降低税收风险。

（三）健全投资合理性评估体系，促进企业理性投资

随着国内企业海外投资规模扩大，越来越多的保险、地产等金融企业走出国门，带来了一定的外汇与资产流失风险。2016 年，由国务院国有资产监督管理委员会、财政部联合颁布了《企业国有资产交易监督管理办法》，对国有资产的定义、国有资产的转让过程等方面都作出了严格的规定。2017 年 12 月，国家发展和改革委员会、商务部、中国人民银行、外交部、中华全国工商业联合会联合出台了《民营企业境外投资经营行为规范》，加强民营企业对外投资的合理性监管，限制不合理的资产海外转移。一方面，不合理的海外投资消耗较多外汇而收获较少利润，使得母国外汇储备减少，国际支付能力减弱，政府国际信用降低，不利于国家的经济发展；另一方面，不合理的海外投资转移大量本国资产，外汇资本过度外流导致外汇储备稳定，进而影响人民币汇率稳定，容易引发国内金融风险。这两种不合理的海外投资都会对国家金融安全造成危害。加强对外投资的合理性监管，管制非理性对外投资，是维护本国金融安全的重要措施。

第二节　中国参与全球投资存在的问题

改革开放 40 多年来，中国对外直接投资取得了长足的发展，但也存在着不少的问题。首先，根据前文的数据，发现中国对外直接投资区域主要集中在开曼群岛及英属维尔京群岛等避税地区，使得全球投资战略实施效果存在隐忧。其次，近年来国内企业对外投资呈现出非理性的倾向，合规性风险突出，需要加大监管力度以避免系统性金融风险的发生。最后，中国对外投资服务体系不够完善，将极大制约全球投资战略的实施。

一、对外直接投资流量与存量分布不均

中国对外直接投资存量主要分布在开曼群岛及英属维尔京群岛等地区，同时投资流量大部分集中流向中国香港，地区分布极为不均，海外投资的“逆向外溢”有效性值得怀疑。截至 2018 年末，中国内地对外直接投资存量的前三名分别为中国香港、开曼群岛及英属维尔京群岛，其中 55.5%的对外直接投资存量在中国香港，13.1%在开曼群岛，还有 6.6%在英属维尔京群岛，后两者均是“避税天堂”。而中国对美国直接投资的存量约 755.1 亿美元，仅占存量总额的 3.8%[①]。

① 资料来源：《2018 年度中国对外直接投资统计公报》。

二、企业对外投资合规性风险突出

当前中国企业在进行对外直接投资过程中出现了非理性倾向，存在一些大额非主业的投资和不规范的投资行为。对此，国家发展和改革委员会对大额非主业投资和不规范投资的真实性、合规性加大了审核力度，引导企业审慎决策、精准布局、理性投资。中国政府加强对资本流出的管控，对中国企业收购海外企业的审查正被收紧，重点支持国内有能力、有条件的企业，开展真实合规的对外投资活动，以提升中国对外投资的质量及优化对外投资的结构。2016 年 11 月以来，国家监管部门不断强调防范对外投资风险，支持和促进正常的海外投资，加大对投资真实性的审核力度。企业除了需要满足 2018 年实施的《企业境外投资管理办法》的基本要求外，还要根据《对外投资备案（核准）报告暂行办法》的要求向商务、金融、国资等主管部门报备。《对外投资备案（核准）报告暂行办法》第十八条规定："相关主管部门应对所负责的对外投资进行监督管理，对以下对外投资情形进行重点督查：（一）中方投资额等值 3 亿美元（含 3 亿美元）以上的对外投资；（二）敏感国别（地区）、敏感行业的对外投资；（三）出现重大经营亏损的对外投资；（四）出现重大安全事故及群体性事件的对外投资；（五）存在严重违规行为的对外投资；（六）其他情形的重大对外投资。"2017 年 8 月，国务院办公厅出台《关于进一步引导和规范境外投资方向的指导意见》，旨在加强对中国企业境外投资的宏观政策性指导，加强对中国企业境外投资的方向引导和行为规范。此外，为继续加强规范中国境内企业的人民币境外放款业务，中国人民银行在同年发布了《关于进一步明确境内企业人民币境外放款业务有关事项的通知》。针对中央国有企业境外投资的监督管理问题，2017 年 1 月国务院国有资产监督管理委员会又出台了《中央企业境外投资监督管理办法》。

三、对外投资服务体系不完善

企业在对外直接投资的过程中通常会面临缺乏保障、融资难融资贵、信息获取难等问题，目前中国对外投资服务体系尚不够完善，政府、金融机构、信息咨询机构未能为企业"走出去"提供足够的帮助与保障。

第一，政府对外投资服务功能不够完善。其一，政府在为企业提供法律保护、政策引导、制度保障、信息咨询服务方面的功能还不完善，对企业投资缺乏明确指引。其二，政府与使领馆对企业海外投资的援助和保障力度不够，导致企业在海外投资过程中遭受利益损失时无法获得法律援助。

第二，金融服务能力有待提高。其一，在中国，市场经济的体制建立和发展、金融市场开放及金融工具创新难以满足国内企业对外投资融资的需求，导致现阶段中国"走出去"的企业面临融资形式单一、融资渠道狭窄、融资成本高等问题。

一方面，国内民营企业（特别是中小企业）仍然难以在金融市场上通过发行股票、债券、抵押贷款、信用贷款等方式筹集对外投资资金。另一方面，中小企业申贷门槛高，与大型企业相比，中小企业存在资本金不充足、资产负债率高、资金链条短等问题，使中小企业申请贷款的成本增大，银行贷款申请困难。其二，与发达国家遍布全球的金融机构相比，中国金融机构海外分支机构明显偏少，难以满足对外投资企业对跨境金融服务的需求。

第三，对外投资信息服务能力不足。企业在“走出去”的过程中需要了解政府政策、投资环境、市场状况等多方面信息，但目前国内缺乏完善的对外投资信息咨询服务体系，企业只能自己收集信息。而由于信息不对称、中小企业对国外投资环境不熟悉、对交易对手不信任等原因，企业很难获得有效的境外信息。此外，由于沟通渠道不通畅、政策模糊等原因，境外对国内有合作需求的企业很难找到合作伙伴。再加上中小企业“走出去”的时间比较短，对一些国际金融、税收等规则不够了解，需要国内外金融机构之间充分的协调与配合。但目前国内法律、金融、财务、税务、人力资源等专业服务机构不足，难以为企业对外投资提供充足的供需对接和信息咨询服务，导致企业难以系统分析评估投资环境和风险，在一定程度上降低了项目筛选和经营决策的效率，阻碍了企业“走出去”的步伐。

第三节　国际直接投资环境变化的风险隐患

中国对外直接投资受到国际直接投资环境变化的负面影响，如政治互信的缺失、法律体系的差异、政治局势的动荡及环保意识的增强等因素，都增加了中国企业对外直接投资的风险，降低了中国企业“走出去”的有效性。

一、政治互信缺失阻碍正常交易

东道国与中国之间政治互信的缺失阻碍了中国企业正常的对外投资交易，这主要体现为东道国外资准入政策的收紧。近年来，全球经济增长疲软，经济增长放缓的压力持续向社会层面传导和累积，欧美国家的社会深层次矛盾日益凸显，助推了民族主义、民粹主义和排外情绪的高涨。极端本土主义对外资准入政策产生了极大的影响，2017 年以来，美国、英国、法国、德国、意大利、日本等发达国家对外商投资并购实施更为严格的监管和限制，对中国企业向这些地区的直接投资形成诸多阻力（中债资信评估有限责任公司和中国社会科学院世界经济与政治研究所，2017）。

外资准入政策的收紧对中国投资者的影响主要表现为新增了两方面的限制性

政策。一是战略性行业准入门槛提高。美国、澳大利亚和欧盟等发达国家和地区对农业、通信和能源电力等行业的海外投资行为加大了监管审查的强度，而这些行业本是中国企业的优势相对较大的行业。二是加强了对外资的国家安全审查。国家安全审查机制通常具有不透明程度较高、缺乏可预测性等特点，主要取决于东道国行政部门的自由裁量。

根据联合国贸易和发展会议的数据，仅在 2017 年，全球各国便出台了 18 项限制外国投资和加强跨国投资监管的政策措施，其中大多以战略性资产保护和维护国家安全的名义开展。2018 年 11 月美国基于《外国投资风险审查现代化法案》的授权推行新的试点计划，该试点计划中赋予了 CFIUS 更广的审查范围，并规定涉及特定交易的项目必须实施强制申报，避免美国产业的关键技术被国外投资者获取，此法案将于 2020 年 3 月全面执行。近年中国企业在战略性新兴领域的海外并购活动频频受阻，发达国家越来越严苛的投资监管措施对中国企业海外投资造成了巨大的阻碍。相关法案的实施将增加中国企业到美国投资的难度和不确定性，CFIUS 审核程序、出口管制、制裁制度等方面对中国“走出去”企业形成了挑战①。

二、法律体系差异提高交易成本

跨国企业在对外直接投资时由于母国与东道国法律体系存在差异而面临着更高的交易成本。一是东道国法律体系复杂，政策法规难以预料。以俄罗斯为例，孙晓谦（2010）认为，俄罗斯的法律法规数以千计，几乎涵盖了经济社会生活的所有领域，法律体系庞大且复杂，政策法规的多变性和突发性及执法的随意性，致使许多外国企业在对俄罗斯投资合作中难以达到预期效果。二是东道国税务法规与中国存在差异，给中国企业对外投资增加了交易成本。例如，目标企业所采用的会计准则与中国准则不同，在不同的准则下，收入、利润和资产负债的计量原则都可能不同。如果不能把财务数据的口径统一到同一准则下，对于买方内部决策交易定价将是一个较大的困扰（毕马威，2017）。

三、政治局势动荡导致资金回收困难

中国企业在海外开展直接投资，除了要承担国际经济形势不稳定的风险外，还面临着各种政治风险。一是东道国政局动荡导致的政权更迭风险。例如，2014 年 4 月，泰国发生的军事政变，政权更迭使中泰高铁项目一度被搁置。中泰铁路合作联合委员会共召开了多达 22 次会议，商讨后续建设事宜。但泰国当局政治环境不稳定，原有投资合作政策不断调整，导致中方企业在泰国高铁项目前期投入的 28.5%资金难以产生收益，资金存在回收风险。二是东道国非法解除协议或不

① 资料来源：《中国对外投资发展报告 2018》。

履行合同义务导致的主权信用风险。正点国际资料显示，2005—2017 年，中国企业“走出去”失败或受阻的案例增多，主要由于东道国政府偿付能力不足，中方企业难以回收投资资金，由此涉险案例超 50 起，占总数的 26.7%；涉险金额约为 565.2 亿美元，占总额的 24.0%，平均涉案金额 17.1 亿美元。从涉险国家方面看，风险发生集中在伊朗和菲律宾两国，涉险案例占比 13.6%，金额占比 15.2%[①]。另外，涉及风险案例较多集中于天然气、石油、金融、运输等行业，其中资源类的投资受到的影响较大。

四、环保意识增强增加环保风险

环保因素日益成为中国对外直接投资所面临的非政治风险之一。随着环保意识的增强、“去全球化”思想的蔓延、贸易保护主义和民族主义势力抬头，环保和公共卫生安全等问题作为议题越来越频繁地被提出，这增加了中国对外投资面临的风险。由于对外资的评估标准和容忍度会随东道国政治局势的变化而相应调整，环境风险只是政治、社会文化、法律和经济等国家风险的最终表现。东道国政府通过“合理合法”的法律与行政手段对跨国企业实施环评管制，因此环保问题成为海外投资中面临的一项重要的风险（李霞，2015）。

许多中国企业在对外投资的过程中因环境问题遭到东道国的环境规制而损失惨重。近年来，中国企业海外投资急速发展，其资源类投资面临着容易遭受东道国民众和环保组织的抵制、政府的环境处罚等不同形式的环境风险。随着环保成为越来越多国家关注的问题，中国企业因环境问题而面临的投资风险将继续增大。

中国企业对外投资中面临着资本收益和社会效益平衡机制缺位的问题，致使企业更易遭受环境风险。首先，东道国法规不完善导致对跨国企业约束不足。中国对外直接投资存量超过八成分布在发展中国家，部分国家在政策法律制度、监管体系和环境保护等方面还处于探索完善阶段，甚至因执法不严和监管不力等问题，时有出现放纵企业污染行为，或者政府滥用环境规制权（中债资信评估有限责任公司和中国社会科学院世界经济与政治研究所，2017）。其次，中国企业缺乏足够的环保责任和意识，未将环境风险纳入企业管理和风险评估体系。缺乏整体的环保意识和环评工作，导致企业在决策、成本核算、制定战略等多个环节均忽视对环境风险的评估，从而做出破坏东道国环境的行为。一旦发生环境事故，部分中国企业缺少应对的方案和能力（中债资信评估有限责任公司和中国社会科学院世界经济与政治研究所，2017）。个别企业环保责任意识的淡薄不仅给自身带来了经济损失，还给国家形象带来了负面影响，使中国对外投资陷入了“环境

① 资料来源：《中国企业投资“一带一路”沿线国家面临的政治风险与防范策略》，2018 年 5 月 2 日，http://www.dwjmsw.com/wap.php?s=/Article-detail-id-555.htm[2020-08-09]。

新殖民主义”和“环境威胁论”等负面舆论的漩涡。最后，中国政府对海外投资企业履行环保责任的约束力有待加强。目前，中国并没有具有法律约束力的对外投资环境保护的政策，主要用商务部和环境保护部在2013年颁布《对外投资合作环境保护指南》来规范中国企业对外投资活动中的环境保护行为，但该指南属于非强制性指导文件，企业执行率较低（中债资信评估有限责任公司和中国社会科学院世界经济与政治研究所，2017）。

第四节　中国对外直接投资政策存在的问题

中国对外直接投资政策实施以来，虽然取得了一系列巨大的成就，但仍存在多方面的问题与挑战，包括法制配套管理有待完善、政策体系有待健全、监督管理制度有待创新、海外服务能力有待升级等难题。

一、法制配套管理有待完善

中国政府主要通过职能部门颁布的政策来规范和引导对外直接投资，目前尚缺乏稳定的法律保障体系和双边投资保护机制。完善的法律制度既可以保障国内投资主体的利益，也是加快与国际规则对接的重要手段。

（一）法律配套不到位，保障力度有待强化

目前，中国对外直接投资缺乏专门立法，法律保障力度较为薄弱。1979—2018年，中央政府一共颁布了179项与对外直接投资紧密相关的政策。然而，现有政策规范多为政府各职能部门从各自管辖领域的角度出发制定，缺少一部全面、系统、规范的中国对外直接投资法，反映出中国的对外直接投资法制化进程滞后，缺乏法律权威性和政策稳定性，降低了中国企业对外直接投资的效率（李锋，2016）。相比之下，美国通过专门制定了《经济合作法》《对外援助法》《共同安全法》等有关境外投资的法律法规，从而不断深化对本土企业海外投资的保护和支持，而德国也通过出台《对外直接投资担保条例》等对外投资法律为企业对外投资保驾护航，可见法制化是其鼓励对外投资的有力保障。而中国对外直接投资立法缺位，导致中国企业在“走出去”过程中难以依法维护自身合法权益，在一定程度上打击了中国企业对外投资的信心。

（二）规则制定不深入，保护机制有待健全

目前，中国政府与对外直接投资国家（地区）协商制定双、多边投资协议的主动性较低，尚未充分使用国际双、多边体制机制工具为企业“走出去”制定完善的投资保护机制。一是推进落实双、多边投资协议谈判进程缓慢。截至 2019

年 11 月，中国与外方共签订 119 个双边投资协定（表 5-1），占中国 190 个对外投资目的国（地区）的 62.6%左右，随着“走出去”战略的不断深化，企业对外直接投资的兴趣日益浓厚，现有的双、多边投资保护机制难以为企业“走出去”提供有效支持[①]。二是投资保护体制机制与现实需求脱钩。由于大多数双、多边投资协议均在 20 世纪八九十年代谈判而成，所缔结的内容较为保守，有些已不适应现今经济发展的需要，且以吸引协议国来华投资为主，在一定程度上忽视了对中国对外直接投资的保护，或是提供的投资保护程度相对较低，滞后于现实需求（韩冰，2017）。三是中国投资保护制度建设起步较晚，导致在国际多边投资保护机制建设和落实上重视度不够，难以利用现有体制机制为企业对外直接投资提供良好制度保障。以投资保险制度为例，虽然中国是《多边投资担保机构公约》的主要出资国和创始会员，但由于缺乏重视和宣传，大部分企业鲜少使用该公约解决对外投资中的争端和纠纷（李锋，2017）。

表 5-1　中国签订的部分双边投资协定一览表

区域	数量/项	具体国家
亚洲	39	日本、韩国、乌兹别克斯坦、印度、朝鲜、缅甸、伊朗、巴林、卡塔尔、也门、叙利亚、柬埔寨、黎巴嫩、沙特阿拉伯、以色列、阿曼、印度尼西亚、阿塞拜疆、阿拉伯联合酋长国、格鲁吉亚、塔吉克斯坦、老挝、越南、土库曼斯坦、哈萨克斯坦、菲律宾、亚美尼亚、吉尔吉斯斯坦、蒙古国、土耳其、巴基斯坦、马来西亚、斯里兰卡、科威特、新加坡、泰国
欧洲	46	马耳他、瑞士、法国、保加利亚、罗马尼亚、俄罗斯、葡萄牙、斯洛伐克、捷克、西班牙、比利时、卢森堡、芬兰、瑞典、德国、荷兰、塞浦路斯、马其顿、南斯拉夫、冰岛、立陶宛、斯洛文尼亚、爱沙尼亚、克罗地亚、阿尔巴尼亚、白俄罗斯、摩尔多瓦、乌克兰、希腊、匈牙利、波兰、英国、奥地利、丹麦、意大利、挪威
大洋洲	3	巴布亚新几内亚、新西兰、澳大利亚
非洲	18	坦桑尼亚、马里、马达加斯加、赤道几内亚、突尼斯、尼日利亚、埃塞俄比亚、佛得角、南非、苏丹、加蓬、阿尔及利亚、津巴布韦、毛里求斯、摩洛哥、埃及、加纳
美洲	13	加拿大、古巴、圭亚那、特立尼达多巴哥、巴巴多斯、牙买加、秘鲁、智利、厄瓜多尔、乌拉圭、阿根廷、玻利维亚

资料来源：根据商务部、国家发展和改革委员会等政府部门网站资料整理所得

二、政策体系有待健全

虽然中国已初步建立起对外直接投资的政策体系，但针对性和有效性相对不足，政策体系尚不健全。此外，政策扶持覆盖面仍比较狭窄、部分政策贯彻落实不显著等问题仍有待解决。

① 资料来源：《中国投资指南 2019》，2019 年 11 月 19 日，http://www.fdi.gov.cn/1800000121_71_1607_0_7.html [2020-08-09]。

（一）政策体系不健全，针对性与有效性有待提升

中国对外直接投资政策中诸如体系建设不健全、政策针对性和有效性不高等问题在一定程度上削弱了企业“走出去”抗风险能力。一是现有政策体系中较为成熟的扶持政策集中在资金、外汇、税收及办事手续等相关方面，而在投资保障、金融服务、通关政策、安全保障、外交支持等重要方面较为薄弱。在中央政府发布的134项现行有效的对外直接投资政策中，后者所占的比例不足20%，且适用性较低，受惠企业并不多。以金融服务为例，中国进出口银行在每年的出口信贷计划中虽然对符合信贷条件的项目给予一定的支持，但是出口信贷规模较小，专项贷款数量有限，并且需要满足贷款程序的相关规定，导致审批手续烦琐，审批过程时间长，增加了企业的运营成本。二是中国现有政策体系中以宏观政策和原则性政策为主，较缺乏具有实质性的支持政策。以财税政策为例，一方面是缺乏体系化财税政策，导致对外直接投资政策的引导性不显著。目前，中国财税政策分散于全国性法律法规及某些部门规章制度中，尚未形成一个协调统一的有机体系。另一方面是财税政策支持方式与美国、日本等发达国家相比较为单一，主要通过直接减税措施来刺激对外投资，如税收抵免、税收饶让等，间接鼓励措施运用较少，如延期纳税、加速折旧、再投资退税、境外投资损失准备金等。

（二）政策扶持覆盖面狭窄，“走出去”障碍有待克服

现阶段，对外直接投资扶持政策并不能实现全覆盖。中国对外直接投资政策体系设计以国有企业需求为导向，然而对外投资的国有企业的生产率可能比其他类型的对外投资企业更低（蒋冠宏，2015a），却能得到更多的海外投资扶持；虽然民营企业在中国对外直接投资中所发挥的作用日益凸显，但是在“走出去”过程中能够获得的政策扶持不足，且面临着重重困难。一是民营企业在海外投资和并购活动中仍面临融资难、资质“玻璃门”等政策歧视。现行银行金融机构的考核标准、风控体系、放贷模式等实际上是以大型国有企业的生产经营为蓝本设置的，造成政策性银行融资门槛过高，而商业银行贷款存在主要向国有企业倾斜等现象，这都导致民营企业融资渠道不畅。二是中国市场化社会信用体系建设不健全，限制了民营企业融资渠道。《中国企业全球化报告（2017）》指出，中国目前担保机构注册资本少，担保能力与担保需求矛盾突出，普遍存在资本实力不足、业务规模偏小、主营业务亏损、自身信用不足等问题，制约了民营企业资金融通程度向纵深发展。三是民营企业“走出去”政策后发优势不明显，加上受信息不对称、对国际市场规则不熟悉等不利因素的影响，尚难以在短时间内克服种种难题，成为中国对外直接投资中的“主力军”。

（三）政策成效不显著，海外恶性竞争有待协调

中国对外直接投资政策对于企业海外恶性竞争监管约束力度不足，导致在对外投资中的热点市场或热点项目上出现中国企业间恶性竞争的现象。一是由于现有政策以指导为主，监管和约束力度有限。以《对外投资合作环境保护指南》为例，虽然指南全面指导企业从开展环境尽职调查、环境影响评价、建立对话机制等方面做好环境保护工作，但是囿于政策实施落地监管力度不足，难以确保对企业失责行为进行追究。二是政府部门的指导、管理与协调不到位，导致政策难以落地。商务部及驻外使馆经商参处受制于没有明确的管理办法或相应授权，缺乏必要的制约手段，再加上受到人员和经费的限制，难以对中国企业在当地的市场行为进行有效的协调管理。

三、监督管理制度有待创新

截至目前，中国对外直接投资监督管理仍分由多个部门交叠进行，存在监管效率低等问题。监管制度效率的高低是影响企业对外投资能否顺利进行的重要因素。进一步深化体制改革，创新监督管理制度，有助于加快企业"走出去"的步伐，有助于提高企业对外直接投资经营效益。

（一）核准备案流程简化有待落实

复杂的核准备案流程将制约中国实施全球投资战略的进度。中国自加入 WTO 后不断简化对外直接投资行政核准备案程序，但是多头核准管理问题一直没有彻底解决，部门间核准内容重叠、职能交叉，导致管理效率低下，加大了对外投资项目的时间成本、行政成本和交易成本。具体而言，在现行职能部门分工中，商务部一般负责拟定境外投资管理办法和政策、起草对外直接投资管理的法律法规和规章及归口管理对外直接投资等，国家发展和改革委员会一般负责安排境外资源开发类和大额用汇投资项目，国家外汇管理局和中国人民银行主要负责与对外投资活动中关于外币汇兑的事务。表面上对不同环节进行了分工，实际上每个境外投资项目都需要通过层层核准和备案，境外投资而在国内完成所有核准和备案流程至少需要一个月左右，所谓简化核准并未从实质上推行，这不利于抢抓投资机遇。

（二）全方位监管模式有待完善

近年来，中国对外直接投资"重事前、轻事中事后"的管理模式尚未发生根本性改变。一是当前的政策体系对已经"走出去"企业的投资活动的事后监管少有涉及。尽管中国在简政放权和境外投资管理体制创新等方面已经取得了一定的

成果，但这些变革仍是前置核准和备案程序简化等边际式的微小变动。虽然目前中国境外投资管理体制已经从审批制升级为备案制，但是事中、事后监管制度建设进程仍有待提速。二是政府部门事中、事后监管能力薄弱或权限不足，职能转变有待进一步深化。例如，财政部对境外国有资产的管理受制于监管政策可操作措施较少，实际监管工作难以落实。三是政策设计起步晚，政策落实具有滞后性，政策和相关职能部门的衔接有待完善。相比英国早于2000年采用了事中事后监管机制，中国于2018年3月1日起施行的《企业境外投资管理办法》方才采取诸如取消"小路条"制度和省级发展和改革委员会转报程序，延长核准文件、备案通知书有效期等措施，从政策上实现了对事前、事中、事后监管的全覆盖。然而，要实现新旧政策相衔接及各政府部门职能相协调则需要更长时间，以至于上层政策在落地时面临重重阻力。四是"官热民冷"现象依然存在，境外投资主体对于监管工作的重视度较低，加大了落实事中事后监管的难度。虽然商务部每年都开展对外投资的统计工作，可是由于部分企业配合度低，不愿意或者不参加年检或没经过核准备案就私自进行海外投资，使统计精确性降低，政府难以全面地开展监督工作。

（三）政府监管与企业需求有待匹配

随着国内外形势的变化，中国不断加大对外直接投资监管力度，一定程度上对中国企业对外投资渠道严加把控，与企业"走出去"多样化需求对接有待加强。一是中国政策转向变化加快，审批、资金监管趋严，在一定程度上增加了企业对外直接投资的障碍。2016年底以来，商务部、国家发展和改革委员会、中国人民银行和国家外汇管理局四个部门联手，开始共同严厉监管中国企业海外投资行为，加大对于收购标的与企业国内主营业务没有明显联系的并购行为的监管力度（王辉耀，2018）。2017年中国企业并购金额从2016年的历史高点（7535亿美元）下滑至6710亿美元，同比下降约11%，2017年并购交易数量为9839宗，同比下降14%（普华永道，2018）。在政府实施政策的严控下，2019年前8个月的对外投资中房地产业、体育和娱乐业等领域不再有新增项目（德勤，2018）。政府在严控非理性对外投资的同时，应注意减少对正常海外投资活动的影响，满足企业理性的对外直接投资需求。二是政府-企业-行业协会三方联动机制建设尚不完善，监管方式较为单一。以金融监管为例，香港实行积极不干预经济政策，采用与国际接轨的标准化体系，监管体系分别为官方机构、银行业咨询委员会和自律组织等三个层次，在证券业、银行业保险业均采取政府监管及行业自律的监管模式，二者合理分工、各司其职，形成香港自律与他律相结合、多层次的金融监管体系。而中国则是以政府监管为主，尚未充分发挥行业协会、自律委员会的作用，在加强监管的过程中容易忽视对外投资主体的合理需求，从而限制了监管的有效落实。

四、海外服务能力有待升级

改革开放以来，中国逐渐增强海外投资服务能力，但其发展仍不充分。企业海外投资服务问题主要体现在两个方面：一是境外投资信息服务仍然存在滞后性，二是要素的流动机制较为落后。随着海外投资活动的增多，完善和提升政府机构或企业海外服务能力迫在眉睫。

（一）对外投资信息基础薄弱，公共服务支持质量有待提升

中国对外直接投资公共服务支持力量不足，难以为企业“走出去”提供优质服务。一是相关信息系统不完善，时效性和可靠性较低。在实施“一带一路”倡议背景下，2018 年中国企业对沿线国家非金融投资达 156.4 亿美元，同比增长 8.9%，占同类投资总额 13%（商务部，2019）。然而，尽管商务部每年更新发布《对外投资合作国别（地区）指南》，但是没有建立完备的中国对外直接投资企业信息数据库，对于有关国家特定行业和特定项目的关键性市场信息也并未进行系统收集，且《对外投资合作国别（地区）指南》本身仅是作为对往年投资环境的概述而非对未来一年的前瞻性分析，面对东道国政局不稳定、外汇大幅波动、法治环境和市场环境恶劣等挑战，难以为对外投资企业提供有价值的信息，因而增加了企业“走出去”的信息收集成本。二是各类专业咨询服务尚未完善，特别是为企业投资和并购活动提供相匹配服务的机构严重不足。以金融服务为例，香港作为亚洲地区的金融中心，聚集着世界各地知名的银行，借由其发达的海外分支机构网络，为投资者提供诸如信贷、项目融资、杠杆收购、资金结算等多样化的专业金融服务。相比之下，2018 年中国对外直接投资分布在全球 188 个国家（地区），对外投资企业 4.3 万家（商务部，2019），然而，与数量庞大的海外企业相比，金融业显得相对单薄。截至 2018 年末，中国四大国有银行在海外设立 92 家分行，62 家附属机构，分布在 49 个国家（地区）（商务部，2019）。加上金融机构改革起步晚、业务发展较为不成熟，难以为境内投资者提供及时、灵活的金融服务。三是海外投资一站式综合性服务平台有待建立。一方面，中国驻外使馆提供的支持力度不足，导致企业与东道国政府沟通渠道不畅通，容易出现谈判受挫、项目拖延搁置等问题。另一方面，国别或区域性中资企业商会水平参差不齐，在维护中资企业境外权益方面仍有较大的能力提升空间。另外，缺乏针对中资企业国际化进行研究的智库和企业机构，对企业“走出去”多方联动支持保障不到位。

（二）人财跨境流动机制障碍，投资便利化程度仍有待提升

中国境外直接投资人财跨境流动体制机制存在障碍，限制了投资便利化水平的提高，使中国企业在国际化过程中面临束缚掣肘。一是签证问题制约人员交流。

一方面是出境签证手续繁杂限制企业人员到国外开展投资相关活动，另一方面是境外员工入境培训存在签证难、等待时间长等问题。目前，在国际产能合作背景下，企业选择在“一带一路”沿线国家设立更多的生产基地，对安排东道国员工入境培训有着巨大需求，但因中国目前尚未实行研修性质的签证制度，导致东道国受训员工无法入境，增加了企业的管理费用。二是金融市场开放度不足制约资本跨境流动。金融业态发展条件尚不成熟，对外开放改革深度不足，未能与国际金融市场形成有效对接，因而降低了资本跨境流动的效率。以人民币资本项目开放为例，从参与主体来看，以机构为主的资本流动渠道已打通，个人资本项目还需进一步开放；从资本流向来看，资本流入基本通畅，流出仍受限制。此外，个人境外投资试点虽然已获得国务院批准，但在实际投资活动中，个人在用汇、备案、后续服务等方面并没有相应的政策支持，从而极大地限制了个人境外投资的意愿。

第六章　政策影响对外直接投资分析：来自中国的经验

虽然从前面的章节可以看出政策与对外直接投资有着紧密的联系，但要厘清其内在机制，还需要进行进一步的分析。本章基于中国数据构建实证模型，测度对外投资政策与对外直接投资之间的内在联系和联动效应，验证对外投资政策对对外直接投资是否存在促进作用，找出对外直接投资的影响变量，从而为对外直接投资政策的制定和实施提供数据支持。

第一节　研 究 设 计

综合前文的研究，已经呈现出一条清晰的主线：对外投资政策与对外投资活动有着紧密联系。为了验证政策对海外投资的驱动效应，识别当前促进对外投资的政策体系是否影响企业“走出去”的决策和活动过程。虽然对外直接投资涉及母国和东道国，但是本章聚焦于母国的制度环境，基于母国的视角，即母国对外直接投资政策对企业对外直接投资的影响作用。同时，为了深入剖析对外直接投资政策在母国内的异质性作用，本节实证研究以中国的视角分析政策，所以采用省级对外直接投资作为研究样本。本节基于 2003—2016 年中国 31 个省区市（不包括香港、澳门、台湾）的对外直接投资流量，构建面板数据，深入探析对外直接投资政策对企业对外直接投资的影响作用及其异质性效应。

一、实证模型构建

为测量政府对外投资政策对企业进行对外直接投资活动的影响，验证对外投资政策是否是影响中国企业海外投资的主要因素，本章以中国外直接投资流量作为被解释变量，构建实证模型，探讨对外直接投资政策对企业进行对外直接投资的作用与效应。本次研究实证模型构造为

$$\begin{aligned}\mathrm{OFDI}_{it} = \alpha + \beta_1 \mathrm{Policy}_{it} + \beta_2 \mathrm{PGDP}_{it} + \beta_3 \mathrm{Open}_{it} + \beta_4 \mathrm{Market}_{it} \\ + \beta_5 \mathrm{Gov}_{it} + \eta_i + \delta_t + \varepsilon_{it}\end{aligned} \tag{6-1}$$

其中，t 为年份；i 为某省区市；OFDI_{it} 为某省区市 i 在 t 年的直接投资流量；Policy_{it}

为省区市 i 在 t 年的对外直接投资政策数量；$PGDP_{it}$ 为省区市 i 在 t 年的人均国内生产总值；$Open_{it}$ 为省区市 i 在 t 年的市场开放度；$Market_{it}$ 为省区市 i 在 t 年的市场化程度；Gov_{it} 为省区市 i 在 t 年的政府资源配置能力；α 为常数项；β 为待估参数；η_i 为个体虚拟变量；δ_t 为年度虚拟变量；ε_{it} 为随机误差项。

二、实证变量选择与检验方法

为了进一步验证模型中变量的关系，本节介绍模型所选择的变量和检验方法。由于研究海外投资面板数据多采用 Pool-OLS 模型、固定效应模型和随机效应模型等进行回归分析，因此，本节将使用此三种方法对数据进行验证。

（一）被解释变量

本节选择各省区市对外直接投资流量作为被解释变量。相对投资存量来讲，投资流量没有累积效应，但能体现出动态性。需要注意的是，由于各省区市对外直接投资活动并不连续，数据中可能出现零或负值。为了提高估计结果的精确性，本节借鉴 Busse 和 Hefeker（2007）的方法，按照公式对数据进行转换，符号为 OFDI。考虑到数据来源的可取性，所有关于各省区市对外直接投资的数据均来自由商务部、统计局等部门联合发布的《中国对外直接投资统计公报》。

（二）核心解释变量

对外直接投资政策的定量评估是学术界和政策界关注的一个前沿问题。目前，针对对外直接投资政策，以理论分析和定性研究居多，如卜伟和叶广辉（2004）、姚枝仲和李众敏（2011）等。相比之下，直接针对对外直接投资政策的定量研究较少。要实证检验产业政策的合理性论断，首先需要对于对外直接投资政策这个政策行为变量进行高度抽象和量化。本章借鉴韩永辉等（2017）的做法，以对外直接投资政策的文件数量存量来度量对外直接投资政策的强度。通过对各省区市产业政策样本的进一步筛选与处理，本节得到各省区市各年对外直接投资政策的数量存量（LPolicy）。同时，本节也考虑到中央政府在实施对外直接投资政策对各省对外直接投资存在的影响，构建中央部门颁布的对外直接投资政策变量存量（CPolicy）。在此基础上，为进一步衡量对外直接投资政策对企业对外直接投资的动态效应和检验对外直接投资政策对企业对外直接投资的促进效应的稳健性，采用各省区市和中央对外直接投资政策文件的流量（LP-flow 和 CP-flow）作为解释变量再次进行回归。由于政策数量并没有官方的统计口径，因此本节中中央和各省区市与对外直接投资相关的政策是通过手工收集整理的。

（三）控制变量

通过研究分析，结合其他研究文献在控制变量上的选择，我们选择了以下四个控制变量，并做出变量符号及其简单统计见表 6-1。

（1）各省人均 GDP。一个地区的人均 GDP 能够反映其经济发展水平（Anderson，1979），将人均 GDP 引入模型以揭示市场对投资的作用，同时为了减少异方差带来的影响，取其自然对数，符号为 PGDP。各省的人均 GDP 数据来自国家、各省统计局网站和统计年鉴。

（2）各省的市场开放度。在对外直接投资的研究中，一个地区的市场开放程度经常被视为重要的研究变量。越高的市场开放度，越有利于国际直接投资（Kolstad and Wiig，2012）。本节在模型中加入各省区市的市场开放度变量，选择将进出口贸易额占 GDP 的比重作为来衡量该省区市的市场开放度的指标，同时为了降低异方差的影响，取其自然对数，符号为 Open。本节中各省区市的进出口贸易数据来自国家、各省统计局网站和统计年鉴。

（3）市场化程度。参考韩永辉等（2017）的做法，本节采用非公有制企业在所有企业中的占比来衡量该省的市场化程度，符号为 Market，数据来自国家、各省区市统计局网站和统计年鉴。

（4）政府资源促进对外直接投资的能力。参考龚静（2014）的方法，本节将各省区市政府的财政支出作为促进对外直接投资能力的变量。政府的财政支出越大，说明促进企业对外直接投资的能力越强，符号为 Gov，数据来自国家、各省统计局网站和统计年鉴。

表 6-1　描述性统计

变量	符号	样本量	平均值	标准差	最小值	最大值
对外直接投资额对数	OFDI	434	9.873	3.049	0	15.383
省 OFDI 政策存量对数	LPolicy	434	1.060	0.953	0	3.296
省 OFDI 政策流量对数	LP-flow	434	0.301	0.467	0	1.792
中央 OFDI 政策存量对数	CPolicy	434	4.139	0.566	2.565	4.673
中央 OFDI 政策流量对数	CP-flow	434	1.796	0.776	0	2.833
人均 GDP 对数	PGDP	434	0.961	0.704	–0.930	2.470
进出口在 GDP 占比	Open	434	0.046	0.055	0.005	0.244
非公有制经济比重	Market	434	0.462	0.146	0.023	0.785
财政支出对数	Gov	434	7.423	0.969	4.722	9.506

（四）检验方法

本书的数据为面板数据，选择使用 Pool-OLS 模型、随机效应模型（random-effect model）和固定效应模型（fixed-effect model）进行量化分析。固定效应模型和随机效应模型的优势和特点在于能够反映数据的异质性。首先通过上述三种模型对各省区市对外直接投资政策的总体效应进行估计，分别用了五组模型进行回归，保证结果的稳健性，回归结果见表 6-2。

表 6-2　各省区市对外直接投资政策与对外直接投资

项目	被解释变量：OFDI				
	Pool-OLS 模型			固定效应模型	随机效应模型
	模型（1）	模型（2）	模型（3）	模型（4）	模型（5）
LPolicy	3.237***	0.605***	0.336*	0.519**	0.336*
	（0.113）	（0.191）	（0.195）	（0.208）	（0.195）
PGDP		3.180***	1.027***	0.924	1.027***
		（0.206）	（0.375）	（0.685）	（0.375）
Open		0.007	0.248*	0.011	0.248*
		（0.166）	（0.149）	（0.196）	（0.149）
Market			0.225	0.921	0.225
			（0.868）	（1.024）	（0.868）
Gov			1.725***	1.739***	1.725***
			（0.265）	（0.486）	（0.265）
常数项	−3.657***	4.309***	−4.524***	−5.631*	−4.524***
	（0.559）	（0.881）	（1.540）	（2.975）	（1.540）
个体虚拟变量	有	有	有	有	有
年度虚拟变量	有	有	有	有	有
R^2	0.414	0.637	0.775	0.747	
N	434	434	434	434	434

注：***、**、* 分别代表在 1%、5%、10%的水平上显著

其次，考虑到中央颁布的对外直接投资政策也会对各省的对外直接投资产生影响，同样采用 Pool-OLS 模型、固定效应模型和随机效应模型对中央对外直接投资政策的总体效应进行估计，分别用了五组方程进行回归，回归结果见表 6-3。

表 6-3　中央对外直接投资政策与对外直接投资

项目	被解释变量：OFDI				
	Pool-OLS 模型			固定效应模型	随机效应模型
	模型（1）	模型（2）	模型（3）	模型（4）	模型（5）
CPolicy	3.322***	0.624***	0.357*	0.563***	0.357*
	（0.115）	（0.194）	（0.197）	（0.212）	（0.197）
PGDP		3.182***	1.016***	0.898	1.016***
		（0.204）	（0.373）	（0.685）	（0.373）
Open		0.007	0.256*	0.006	0.256*
		（0.167）	（0.149）	（0.196）	（0.149）
Market			0.228	0.979	0.228
			（0.865）	（1.024）	（0.865）
Gov			1.726***	1.744***	1.726***
			（0.263）	（0.485）	（0.263）
常数项	−3.876***	4.254***	−4.567***	−5.789*	−4.567***
	（0.601）	（0.895）	（1.531）	（2.975）	（1.531）
个体虚拟变量	有	有	有	有	有
年度虚拟变量	有	有	有	有	有
R^2	0.379	0.635	0.774	0.744	
N	434	434	434	434	434

注：***、* 分别代表在 1%、10%的水平上显著

再次，为了检验回归结果的稳健性，我们将各省区市和中央对外直接投资政策文件的流量作为核心解释变量分别加入模型，采用 Pool-OLS 模型进行估计，用分别用了六组数据进行回归，检验结果的稳健性，回归结果见表 6-4。

表 6-4　各省区市和中央对外直接投资政策流量与对外直接投资

项目	被解释变量：OFDI					
	模型（1）	模型（2）	模型（3）	模型（4）	模型（5）	模型（6）
LP-flow	1.781***	0.053*	0.010*			
	（0.131）	（0.095）	（0.093）			
CP-flow				1.733***	0.050*	0.013*
				（0.119）	（0.091）	（0.090）
PGDP		3.709***	1.209***		3.708***	1.207***
		（0.132）	（0.361）		（0.130）	（0.364）

续表

项目	被解释变量：OFDI					
	模型（1）	模型（2）	模型（3）	模型（4）	模型（5）	模型（6）
Open		0.026	0.217		0.029	0.216
		（0.171）	（0.151）		（0.169）	（0.151）
Market			0.622			0.603
			（0.848）			（0.847）
Gov			1.804***			1.804***
			（0.260）			（0.262）
常数项	12.987***	6.300***	–4.207***	13.240***	6.303***	–4.194***
	（0.425）	（0.788）	（1.592）	（0.381）	（0.780）	（1.603）
个体虚拟变量	有	有	有	有	有	有
年度虚拟变量	有	有	有	有	有	有
R^2	0.147	0.624	0.778	0.195	0.625	0.779
N	434	434	434	434	434	434

注：***、* 分别代表在 1%、10%的水平上显著

最后，为了检验中国对外直接投资政策对企业对外直接投资的异质性影响，将各省区市和中央对外直接投资政策变量分别与市场化程度构建交乘项，再引入模型进行回归分析，以检验在市场化条件下，中国对外直接投资政策对企业对外直接投资的异质性影响作用。

第二节　实证结果分析

本节将通过对实证分析来检验对外直接投资政策和对外直接投资的相关性。首先基于模型验证对外投资政策对对外直接投资的影响，其检验各省区市和中央实施对外直接投资政策所产生的效应，再进一步进行稳健性分析。

一、各省区市对外直接投资政策的对外直接投资效应检验

表 6-2 显示了各省区市对外直接投资政策对中国企业对外直接投资的影响的回归结果。模型（1）、模型（2）和模型（3）显示的是逐步回归的过程。我们逐步加入控制变量，结果显示各省区市对外直接投资政策变量（LPolicy）的系数逐渐变小，而拟合优度（R^2）则逐渐变大，说明模型回归效果稳定。同时，模型（1）至模型（3）中，各省区市对外直接投资政策变量（LPolicy）的系数均为正，至

少满足 10%的显著性检验。这表明各省区市对外直接投资政策对企业对外直接投资具有促进作用。模型（3）中，各省区市对外直接投资政策变量（LPolicy）的系数为 0.336。这表示各省区市对外直接投资政策每增加 1 个，将显著促进企业对外直接投资则增加 0.105 个标准差。为了保证模型和回归结果的稳健性，本节采用固定效应模型和随机效应模型进行再次回归分析。模型（4）和模型（5）显示，各省区市对外直接投资政策变量（LPolicy）的系数依然为正。在模型（4）中各省区市对外直接投资政策变量（LPolicy）的系数通过 5%的显著性检验。在模型（5）中，各省区市对外直接投资政策变量（LPolicy）的系数则通过 10%的显著性检验。这说明模型是稳定有效的，回归结果是稳健的。

控制变量的系数估计结果显示，人均 GDP（PGDP）、对外开放度（Open）、市场化程度（Market）和政府配置资源能力（Gov）的系数均为正，但有部分系数并没有通过显著性检验。以模型（3）为例，人均 GDP（PGDP）的系数为正，通过 1%的显著性检验，说明地区经济发展水平越高，越有利于企业对外直接投资增长。对外开放度（Open）的系数也为正，但仅通过 10%的显著性检验。虽然对外开放度（Open）的系数显著性不是很高，但是也说明了地区的对外开放程度是企业进行对外直接投资的重要条件。市场化程度（Market）的系数也是正，说明市场化程度与企业对外直接投资具有一定程度的正相关关系，但是其系数并没有通过显著性检验。这表明市场化程度对企业对外直接投资的影响作用不明显。这与国有企业是中国对外直接投资的主体企业的现实情况相符合，也说明对外直接投资政策对国有企业具有一定偏向性。然而，其系数为正说明了非公有制企业对外直接投资的比重上升的趋势。政府配置资源能力（Gov）的系数为正且较大，通过 1%的显著性检验，对于企业对外直接投资具有强烈的正向影响作用。政府有较强的资源配置能力，对企业海外投资的支持能力也更优，能够有效增强相应企业的全球竞争力。裴长洪和郑文（2011）认为母国优势可以作为对外直接投资企业的竞争优势，从而推动对外直接投资发展。而政府有较强的资源配置能力才可以赋予对外直接投资企业更大的母国优势。

二、中央对外直接投资政策的对外直接投资效应检验

表 6-3 显示了中央对外直接投资政策对中国企业对外直接投资的影响的回归结果。模型（1）、模型（2）和模型（3）显示的是逐步回归的过程。我们逐步加入控制变量，结果显示中央对外直接投资政策变量（CPolicy）的系数逐渐变小，而拟合优度（R^2）则逐渐变大，说明模型回归效果稳定。同时，模型（1）至模型（3）中，中央对外直接投资政策变量（CPolicy）的系数均为正，至少满足 10%的显著性检验。这表明中央对外直接投资政策对企业对外直接投资具有促进作用，上文结论稳健。为了保证模型和回归结果的稳健性，本节采用固定效应模型和随

机效应模型再次进行回归分析。模型（4）和模型（5）显示，中央对外直接投资政策变量（CPolicy）的系数依然为正。在模型（4）中，中央对外直接投资政策变量（CPolicy）的系数通过1%的显著性检验。在模型（5）中，中央对外直接投资政策变量（CPolicy）的系数则通过10%的显著性检验。这再次说明模型和结果是稳健的。

控制变量的系数估计结果显示，人均GDP（PGDP）、对外开放度（Open）、市场化程度（Market）和政府配置资源能力（Gov）的系数依然均为正，也有部分系数并没有通过显著性检验。市场化程度（Market）的系数依然没有通过显著性检验。其他控制变量的结果与表6-2的差别不大，说明结论稳健。

以模型（3）为例，中央对外直接投资政策变量（CPolicy）的系数为0.357。这表示中央对外直接投资政策数量每增加1个，将显著促进企业对外直接投资增加0.066个标准差，小于各省区市对外直接投资政策对企业对外直接投资的影响作用（0.105）。这说明各省区市的对外直接投资对于本省区市企业对外直接投资有着更强的促进作用。由于省级层面的对外直接投资政策很多是依据中央的对外直接投资政策出台的，或者是转发强调中央的政策。所以，这一实证结果表明，各省区市应当积极响应中央的对外直接投资政策，并出台相应的配套政策，强化对外直接投资政策对企业对外直接投资的促进效果。

三、稳健性检验

表6-2和表6-3的回归分析结果是基于各省区市和中央对外直接投资政策文件存量的。采用各省区市和中央对外直接投资政策文件存量可以考察对外直接投资政策的累积强度,能够有效反映整个政策体系对企业对外直接投资的影响作用。然而，现实情况中，中国的对外直接投资政策是处于持续改革的进程中。因此，本节采用对外直接投资政策流量来衡量政策强度，能够有效反映政策推行的对外直接投资政策对企业海外投资产生的动态效应。这对于对外直接投资政策体系的完善具有重要的实证参考意义，也能够进一步检验对外直接投资政策对企业对外直接投资的促进效应的稳健性。

表6-4显示各省区市和中央对外直接投资政策流量对中国企业对外直接投资的影响的回归结果。模型（1）、模型（2）和模型（3）显示的是各省区市对外直接投资政策流量的企业对外直接投资效应检验的逐步回归过程。我们逐步加入控制变量，结果显示各省区市对外直接投资政策流量（LP-flow）的系数逐渐变小，而拟合优度（R^2）则逐渐变大，说明模型回归效果稳定。同时，模型（1）至模型（3）中，各省区市对外直接投资政策流量（LP-flow）的系数均为正，至少满足10%的显著性检验。这表明各省区市对外直接投资政策流量对企业对外直接投资具有促进作用，上文结论稳健。

模型（4）、模型（5）和模型（6）显示的是中央对外直接投资政策流量的企业对外直接投资效应检验的逐步回归的过程。我们逐步加入控制变量，结果显示中央对外直接投资政策流量（CP-flow）的系数逐渐变小，而拟合优度（R^2）则逐渐变大，说明模型回归效果稳定。同时，模型（4）至模型（6）中，中央对外直接投资政策流量（CP-flow）的系数均为正，至少满足 10%的显著性检验。这表明中央对外直接投资政策流量对企业对外直接投资具有促进作用。进一步证明上文结论稳健。

在模型（3）中，各省市对外直接投资政策流量（LP-flow）的系数为 0.010，说明各省区市对外直接投资政策流量每增加 1 个，将显著促进企业对外直接投资则增加 0.002 个标准差。在模型（6）中，中央对外直接投资政策流量（CP-flow）的系数为 0.013，说明中央对外直接投资政策流量每增加 1 个，将显著促进企业对外直接投资则增加 0.003 个标准差。无论是各省市还是中央的对外直接投资政策流量，其对企业对外直接投资影响效应均显著地低于对外直接投资政策存量的效应。这反映了政策对企业对外直接投资的促进性作用，更依赖于整个政策体系。因此，健全对外直接投资政策体系更有利于促进中国对外直接投资规模上升。虽然，中央对外直接投资政策流量的对外直接投资促进效应高于各省市对外直接投资政策流量的促进效应，但是两者之间的差距并不明显。这在一定程度上反映了中央对外直接投资政策的指向性和权威性。

四、对外直接投资政策效应的市场化异质性检验

由前文分析可知，对外直接投资政策和市场化程度均与企业对外直接投资存在正向关系。在各省区市不同的市场化程度下，对外直接投资政策的对外直接投资促进效应会存在怎样的差异呢？为了研究这一问题，我们分别构建各省区市和中央对外直接投资政策变量与市场化程度变量的交乘项，并加入模型中进行回归分析。表 6-5 显示了对外直接投资政策效应的市场化异质性结果。所有回归方程中，无论是各省区市对外直接投资政策变量（LPolicy），还是中央对外直接投资政策变量（CPolicy）的系数均显著为正。这证明了对外直接投资政策对对外直接投资的促进效应的结论是稳健的。而其他控制变量的符号均为正，与前文差异不大，说明模型是有效的。模型（2）和模型（4）中两个对外直接投资政策与市场化程度的交乘项的系数为负，通过 1%的显著性检验。这表明对外直接投资政策对企业对外直接投资的影响程度，取决于地方经济市场化程度的影响，地方经济市场化程度越高，则对外直接投资政策对企业对外直接投资的影响越小。这意味着对外直接投资政策与市场化程度存在替代效应。当前的对外直接投资政策体系更有利于国有企业的对外直接投资增长。

这意味着当前的对外直接投资政策体系存在失衡的问题，较少照顾到极具发

展活力的非公有制企业。在中国的经济发展中，相对于国有企业，私营企业的整体经济规模和竞争优势较为不足。它们在国际市场上进行对外直接投资时，会面临较大的投资风险和竞争压力，急需获得母国的政策支持。然而，实践中，中国私营企业相对于国有企业在对外直接投资过程中会承受更高的交易成本。同时，繁杂的核准备案手续阻碍了企业对外直接投资。

表 6-5　对外直接投资政策效应的市场化异质性

项目	被解释变量：OFDI			
	模型（1）	模型（2）	模型（3）	模型（4）
LPolicy	0.336*	1.063***		
	（0.195）	（0.298）		
CPolicy			0.357*	1.091***
			（0.197）	（0.303）
PGDP	1.016***	1.265***	1.027***	1.251***
	（0.373）	（0.379）	（0.375）	（0.375）
Open	0.256*	0.194	0.248*	0.196
	（0.149）	（0.149）	（0.149）	（0.148）
Market	0.228	9.882***	0.225	9.530***
	（0.865）	（3.171）	（0.868）	（3.014）
Gov	1.726***	1.682***	1.725***	1.685***
	（0.263）	（0.262）	（0.265）	（0.261）
LPolicy* Market		−2.201***		
		（0.685）		
CPolicy* Market				−2.301***
				（0.727）
常数项	−4.567***	−7.742***	−4.524***	−7.653***
	（1.531）	（1.822）	（1.540）	（1.800）
个体虚拟变量	有	有	有	有
年度虚拟变量	有	有	有	有
R^2	0.774	0.780	0.775	0.780
N	434	434	434	434

注：***、* 分别代表在 1%、10%的水平上显著

第七章　中国对外直接投资的趋势研判和政策选择

以中国的视角不难看出，政策对对外直接投资有着显著的影响，前文已通过实证方法进行了验证。在宏观层面上，实证模型为我们提供了数据的支持，而在中观层面上，还需要进一步展开研究。随着全球化浪潮的不断向前推进，中国需要以更开放和更积极的姿态去迎接机遇与挑战。为了找出中国主要产业在对外直接投资活动中面临的机遇和挑战，本章以自然资源产业、传统制造业、新兴制造业和新兴服务业为例，通过分析产业发展态势和对外直接投资的现状与问题，厘清产业对外直接投资面临的机遇和挑战，为中国对外直接投资趋势研判和政策选择提供参考。

第一节　自然资源产业

中国自然资源总体开发利用的潜力较大,对外直接投资存量和流量增长稳定，产品结构合理。但是，由于技术含量较低，其国际竞争力不及部分发达国家。未来，随着该产业技术的不断升级和市场需求的增多，其对外直接投资有进一步扩大的趋势。

一、中国自然资源产业发展态势分析

中国矿产资源种类丰富，但人均占有量低、经济可采量少，当前供给缺口很大，未来开发利用的潜力较小。相比之下，可再生资源储量较大，拥有较好的开发利用潜力，但是开发利用的技术水平与发达国家相比仍有差距。

（一）中国自然资源产业发展背景分析

中国矿产资源总量丰富，品种齐全，但某些重要资源短缺，开发利用难。一方面，中国矿产资源总体上总量丰富，品种齐全。截至 2017 年底，中国已发现矿产 173 种，包括新发现矿种天然气水合物。秦江波等（2011）根据 45 种主要矿产计算，发现中国矿产储量总价值占全世界的 14.64%，仅次于美国及俄罗斯，位居第三位。以天然气水合物为例，初步预测中国海域天然气水合物资源量约 800 亿吨油当量[①]。另一方面，中国矿产资源也存在重要矿产资源短缺、经济可采储量低、开发利用难等问题。首先，中国重要矿产资源短缺。在中国工程院定义的 45

① 资料来源：《中国矿产资源报告 2018》。

种战略矿产中，中国有27种矿产存在短缺或不能保证自给的现象，超过一半以上需要依赖进口。其次，中国绝大多数矿产资源经济可采储量低。以铁矿为例，经济可采储量只占总储量的6%，因此中国铁矿的平均成本高于澳大利亚。最后，中国部分矿产后备资源不足，未来发展潜力小。例如，中国油气资源的后备可采储量少，对西部和海相碳酸盐岩等区域的勘察一直未能取得战略性突破。总体来看，中国资源总量丰富，品种齐全但重要矿产资源短缺，经济可采储量低，开发利用难，未来潜力小，这一形势客观上要求中国提升利用海外资源的能力。

中国可再生能源潜力巨大，但部分资源仍比较欠缺。第一，中国可再生资源储量丰富。以风力资源为例，中国风力资源丰富且有极大的开发潜力。第四次全国风力资源调查显示，在平均风能密度超过300瓦特每平方米的地区，估计中国陆上风电的潜力为：50米高2000吉瓦，70米高2600吉瓦，100米高3400吉瓦。海上风电潜能的分析方式与此类似：在水深5米至25米、高度100米的条件下，可开发风能潜力为500吉瓦[①]。第二，中国核能资源匮乏，已探明铀矿资源量远不能满足未来核电发展的需要。中国有近27.25万吨的已知可开采铀资源，占全世界储量的4%（国际能源署，2017）。总体来看，中国可再生资源储量丰富，但部分资源仍无法满足国内需求，这要求中国进行全球资源配置。

（二）中国自然资源产业发展问题分析

中国利用矿产资源的技术较为成熟，但矿产资源供给缺口大。第一，中国利用矿产资源的技术较为成熟。截至2017年，中国已在矿产资源领域取得了众多科技创新成果。中国加快完善了以勘查、钻探、分析测试等技术为主的从空中到地面及地下、适应复杂地质条件的立体地质勘查技术方法体系；在天然气水合物勘查开发技术方面，中国研究团队实现了20项关键技术自主创新，为这一领域的勘查与试采提供可行性技术支撑。第二，中国矿产资源需求量巨大，但供给紧张。蓝庆新（2011）认为，中国资源储量和开发量不足，难以匹配国内经济发展的需求，资源紧缺的形势促使中国资源类企业“走出去”，寻求海外投资和并购。中国在矿产资源技术方面的领先优势将有助于中国资源类企业向资源储量国充裕国进行对外直接投资。

中国可再生资源储量巨大，但总体技术水平与发达国家差距较大。第一，中国可再生资源储量巨大。以风电为例，国家能源局公布的数据显示，2018年全国新增并网风电装机规模达2059万千瓦，累计并网装机容量达到1.84亿千瓦，占全部发电装机容量的9.7%。2018年风电发电量3660亿千瓦时，占全部发电量的5.2%，比2017年提高了0.4个百分点（普华永道，2018）。第二，中国总体技术

① 资料来源：《中国矿产资源报告2018》。

水平跟欧美发达国家相比还有较大差距。虽然中国风电技术发展速度快，但主要的零部件和设备如多晶硅炉及基于新一代技术的核电设备等基本依赖进口，虽然花巨资购买了设备，但因技术问题未能发挥其最大产能。对花巨资购买的技术装备未能充分诱发技术扩散，缺乏有效消化、吸收和再创新。面对新能源技术方面的短板，中国可采取对外投资的方式吸收东道国技术，共同开发国内巨大的新能源市场。

二、中国自然资源产业对外直接投资态势分析

中国自然资源产业对外直接投资增速放缓，产品结构多元。由于地理布局较为集中，自然资源产业在国际市场上面临着激烈的竞争，加之各国自然资源管理制度存在差异、多国面临较为脆弱的政治生态，中国自然资源产业对外直接投资发展面临较多挑战。

（一）中国自然资源产业对外直接投资现状分析

近年来，中国自然资源产业对外投资呈现出流量减少、存量缓增、结构多元、布局集中的特点。第一，中国采矿业对外直接投资流量逐年减少，市场主体趋于理性。由表 7-1 可知，采矿业对外直接投资在 2013 年以 248.07 亿美元达到最高峰，但之后逐年减少，而到 2017 年首次出现负增长， 对外直接投资净额为–37.01 亿美元，当年占比是–2.34%。在中国政府加强对本土企业海外投资真实性和合规性审查的情况下，矿产资源企业境外投资趋向成熟和逐步回归理性。第二，中国自然资源产业对外直接投资存量稳步增长。以 2009 年至 2017 年为例，中国对外直接投资存量中采矿业由 405.79 亿美元升至 1576.70 亿美元。第三，中国矿产资源企业境外直接投资的结构呈多元化发展趋势。中国采矿业企业对外直接投资的领域集中在能源类和矿石类等领域，结构趋向多元化。第四，中国矿业对外直接投资在地理布局上较为集中。周铁军和刘传哲（2011）发现，中国采矿业对外直接投资主要集中在自然资源丰富廉价的国家和中国周边的国家或地区，如东南亚、非洲、拉美等地区。以澳大利亚为例，2017 年，中国对澳大利亚投资流量中采矿业占比为 33.7%，投资存量中采矿业达 205.94 亿美元，占比为 56.9%。

表 7-1　2009—2018 年采矿业对外直接投资流量与存量（单位：亿美元）

年份	投资流量	占比	投资存量	占比
2018	46.27	3.24%	1734.80	8.75%
2017	–37.01	–2.34%	1576.70	8.72%
2016	19.30	0.98%	1523.69	11.23%
2015	112.52	7.72%	1423.81	12.97%

续表

年份	投资流量	占比	投资存量	占比
2014	165.49	13.44%	1237.25	14.02%
2013	248.07	23.00%	1061.70	16.07%
2012	135.43	15.43%	747.84	14.06%
2011	144.45	19.35%	669.95	15.77%
2010	57.14	8.31%	446.60	14.08%
2009	133.43	23.60%	405.79	16.51%

资料来源：国家统计局网站

（二）中国自然资源产业对外直接投资问题分析

中国自然资源产业对外直接投资面临着本地竞争、制度距离和政治风险的考验。第一，国内资源类对外直接投资面临着本地竞争激烈的问题。张华（2012）认为，英国、澳大利亚、法国、加拿大、美国等世界矿业大国的跨国公司在非洲矿产资源勘探和开采领域占据主导地位，韩国、日本等国的矿业公司也非常活跃，这使得非洲的矿产资源开发市场竞争非常激烈，而中国企业由于起步较晚、规模较小，面临着巨大的竞争压力。第二，国内企业缺乏投资经验，存在制度距离问题。中国企业对国外相关法律政策和投资环境了解不够深入，如运营阶段的税收缴纳、劳工纠纷等管理问题及钢铁行业废水、废气、废渣治理等环保问题，这使得中国海外企业运营管理面临着巨大的挑战，甚至导致了类似德龙泰国公司被迫撤资的“泰囧”经历①。第三，中国企业对外直接投资面临较大的政治风险。近年来，中国企业在美资源领域的投资屡屡受挫，正是因为美国政府把自然资源归为战略性资源，加强了对该领域外商投资的监管，这凸显了中国企业在资源领域海外并购中容易受到政治风险的影响。

三、中国自然资源产业对外直接投资的趋势研判

中国自然资源产业内部开发利用能源的技术不断创新，外部市场需求日益增多，给其对外直接投资带来了强大动能。但较为激烈的全球市场竞争、愈发复杂严苛的投资审查机制，也给其对外直接投资带来了挑战。

（一）中国自然资源产业对外直接投资的战略机遇

中国在矿产资源技术和新能源技术方面取得众多突破。中国在矿产资源高效开采与综合利用技术与新能源技术方面取得较好的成绩，截至2018年，自然资源

① 资料来源：中国商务部发布的《中国对外投资发展报告2018》。

部共遴选公布了 334 项先进适用技术，包括数字化煤层气高效抽采技术、煤矿区水害致灾隐患高效探测与治理技术、贫细杂难选胶磷矿资源化利用关键技术等，这些技术和专利的应用推广大大提升了中国资源开采的效率、质量和安全性，减少了污染排放和资源浪费。中国矿产资源开发技术的优势将有助于提高对外投资企业在东道国开发资源效率和经营效益，同时减少环境污染带来的环境风险。

中国大部分矿产资源需求还未到峰值,对能源的需求仍将维持在较高的水平。汤文豪等（2019）认为，在中国工业化进程继续进行的背景下，未来中国对矿产资源的需求仍将维持在较高水平。于汶加等（2015）认为，预计 2020—2025 年，中国对煤、铜、钨、镍、铬、铅等矿产的需求将达到峰值，其中钨、镍、铬在 2020 年将分别达到 4.3 万吨、110 万吨、360 万吨的需求峰值，煤炭和铜到 2025 年前后分别达到 43 亿吨和 1500 万吨左右的峰值。巨大的矿产资源和能源需求将为中国资源类企业提供广阔的市场，推动资源类企业加大对外直接投资，充分利用海外自然资源以拓展企业自身发展空间。

（二）中国自然资源产业对外直接投资的潜在挑战

中国自然资源产业在对外直接投资中面临着国际市场的激烈竞争，以及本土市场准入门槛高等潜在挑战。一方面，自然资源产业国际市场的激烈竞争。张华（2012）认为，非洲矿企中包含了来自英国、法国、美国、日本等国的矿业公司，各国企业相互竞争，而中国由于布局较晚，面临着巨大的竞争压力。另一方面，部分国家通过增加审批难度等措施提高本土市场准入门槛，进一步增加了中国企业对外直接投资的阻力。2005 年 1 月，美国政府以“国家安全”、“国有公司”和“政府补贴”等为由驳回了中国海洋石油有限公司收购优尼科公司的请求。

第二节　传统制造业

中国传统制造业产业链较为成熟和完善，但技术含量较低、转型升级较慢，加之文化距离、制度距离和政治距离对其造成了一定的冲击，致使传统制造业国际竞争力较弱，面临的挑战巨大。

一、中国传统制造业发展态势分析

中国传统制造业经过多年的发展和沉淀，已拥有较为完整且成熟的产业链。但由于研发投入不足，加之企业经营成本不断增加，进一步限制了研发能力的提升，进而削弱了传统制造业的国际竞争力。

（一）中国传统制造业发展背景分析

中国传统制造业的产业链完善且成熟。以沈阳新松机器人自动化股份有限公司为例，该公司在研发投入、人才结构、市场定位等不同层面围绕技术展开，目前已形成集独有技术、核心零部件、领先产品及完整的产业系统解决方案于一体的完整产业链，从而为自己赢得了市场空间及竞争优势。根据国际机器人联盟（International Federation of Robotic，IFR）公布的数据，在国内机器人市场几乎是外国公司的天下，沈阳新松机器人自动化股份有限公司成为唯一挤进市场销量排名前十的中国企业。

（二）中国传统制造业发展问题分析

中国传统制造业研发投入不足导致技术含量低，影响了中国企业的国际竞争力。2018 年中国在技术研发的投入金额为 1.96 万亿元，在 GDP 中的占比为 2.1%，与欧美国家 3.0%～4.5%的水平相比存在一定差距。虽然中国技术研发投入强度逐年增加，但难以形成产业关键核心技术，科技成果不足，投入效率有待提高。由于技术含量低，企业不能生产具有竞争优势的产品，导致市场同质化现象严重，造成产能过剩现象，严重削弱了中国企业在国际市场的竞争力①。

中国传统制造业的人力成本日渐提高。由于人口红利消失和通货膨胀的影响，中国传统制造业在人力资源方面的优势逐步消失。部分跨国企业纷纷在东南亚地区设立新厂，转移生产线，寻找新的低成本制造中心，素有“世界工厂”称号的东莞在 2014 年有 428 家企业倒闭，而称为小商品之城的义乌也出现了实体经济空心化的现象②。

二、中国传统制造业对外直接投资态势分析

中国传统制造业在对外直接投资活动中容易遭遇因文化距离、制度距离和政治距离产生的风险。部分国家对传统制造业保护手段的增多将给中国企业带来更高的投资壁垒。实践中，中国企业应沉着应对在对外投资过程中遇到的各类风险。

（一）中国传统制造业对外直接投资现状分析

中国传统制造业对外直接投资增长速度快。作为实体经济支撑产业之一，传统制造业对海外投资的热情不减。根据统计局的数据，传统制造业在 2015—2017 年对外直接投资流量不断增加，且在当年投资流量中的占比同步提高（表 7-2）。

① 资料来源：《中国制造业走向 2025》。

② 资料来源：《中国制造业走向 2025》。

这是由于国务院在 2015 年出台了《中国制造 2025》，全面推进中国实现“制造大国”到“制造强国”战略，构建国际化、高端化的产业结构。因此，大量制造业企业积极参与全球产业布局，加快提升价值链位势。从数据来看，从 2009 年开始，传统制造业对外直接投资存量保持着稳定的增长速度。截至 2018 年末，传统制造业对外直接投资存量高达 1823.05 亿美元，占比约为 9.20%，两者都达到近年来比例的最高位。各种数据说明，在政策的推动下，传统制造业企业希望通过海外投资加快实现产业转型升级的目标。

表 7-2　2009—2018 年传统制造业对外直接投资流量与存量（单位：亿美元）

年份	投资流量	占比	投资存量	占比
2018	191.07	13.36%	1823.05	9.20%
2017	295.07	18.64%	1403.00	7.76%
2016	290.48	14.81%	1081.12	7.96%
2015	199.86	13.72%	785.28	7.15%
2014	95.83	7.78%	523.51	5.93%
2013	71.97	6.67%	419.76	6.36%
2012	86.67	9.87%	341.40	6.42%
2011	70.41	9.43%	269.64	6.35%
2010	46.64	6.78%	178.01	5.61%
2009	22.40	3.96%	135.91	5.53%

资料来源：国家统计局网站

（二）中国传统制造业对外直接投资问题分析

中国传统制造业对外直接投资面临着文化距离带来的风险。李锋（2015）认为，中国企业与东道国之间在信仰、风俗等方面的文化差异给中国企业带来了损失风险。以沙特阿拉伯轻轨项目为例，由于部分路线经过麦加城内，但麦加被伊斯兰教徒视为圣地，只对信奉穆斯林的人开放。作为承建方中国铁建股份有限公司只能委托劳务公司在青海、宁夏和甘肃等地招募上千名信奉穆斯林的工人。由于施工团队庞大，加上宗教习俗、生活、工作习惯的差异，极大增加了项目的管理难度，且当地缺乏专业的穆斯林工程师，种种因素导致该项工程延期和人力成本攀升，最终造成项目的亏损①。

中国传统制造业在对外直接投资时面临着制度距离的问题（蒋冠宏，2015b）。在缺乏专业机构指导的情况下，中国企业很难充分理解东道国国家法律法规的背景及含义，尤其是劳动法和环境法的规定与限制等。在一些发展中国家市场，虽

① 资料来源：根据山东省国际承包劳务商会网站资料整理所得。

然法律法规框架已经完善，但具体落实仍存在问题。一些中国民营企业开始投资某国的一个新行业时，往往没有相关法规或者法规制定（执行）正处于起步阶段，这对中国公司造成了困惑。

中国传统制造业在对外投资时面临着巨大的政治风险。李锋（2015）认为，这些风险包括国际冲突和内战、恶意终止合约，以及将公司资产通过没收和征用实现“国有化”等。例如，2014 年，泰国反独裁民主联合阵线屡屡同泰政府发生冲突，导致当地政治局势动乱，长城汽车股份有限公司不得不推迟在当地建厂的计划。

三、中国传统制造业对外直接投资的趋势研判

“一带一路”沿线国家拥有丰富的资源，也具有较大的市场潜力，为中国传统制造业对外直接投资提供了生产要素和市场需求，与此同时该产业不断提高智能化水平，为其对外直接投资创造了机遇。然而，其转型升级的速度和全球制造业市场竞争的激烈程度，也对其对外直接投资提出了挑战。

（一）中国传统制造业对外直接投资的战略机遇

制造业智能化有利于促进传统制造业转型升级，提高国际竞争力，进而助力企业加快“走出去”的步伐。高树东（2019）认为，智能制造有利于实现高效、准确的决策，实现生产资料在企业内部及企业之间的优化配置。数字化工厂作为智能制造的典型应用，目前已被许多企业成功采用。例如，国家首批智能制造试点示范企业三一重工股份有限公司（以下简称三一重工）位于长沙的“18 号厂房”，是亚洲地区最大的智能化生产制造车间，与传统车间相比更加环保，各环节全部实现自动化、信息化，是“中国智造”的代表。通过大规模应用工业互联网技术，三一重工的 18 号厂房实现了智能化柔性生产和超高速的流水化装配，人均效率提升超过四倍，人均产值提高约 1/4，年节约生产成本 1 亿元，生产设备的利用率提升了 8%。2019 年，数字化工厂技术被应用于三一重工十多个业务单位。智能化的生产模式、先进的技术和优质的产品助力三一重工开拓海外市场，到美国、德国、印度等多个国家进行绿地投资，并参与了沙特阿拉伯、南非、俄罗斯、马来西亚等“一带一路”沿线国家多个项目，加快了国际化的进程[①]。

“一带一路”沿线大部分国家为发展中国家和新兴经济体，具有较大的市场潜力及拥有丰富的资源，给传统制造业带来发展机遇。一带一路数据库显示，沿线国家总人口合计约 44 亿，经济总量超 21 万亿美元，并且这些国家普遍处于经济

① 资料来源：《三一践行国际产能合作新思路 分享“一带一路”红利》，2017 年 5 月 19 日，http://cafiec.cnofcom.gov.cn/article/zqzhw/201705/20170502571864.shtml[2020-08-25]。

发展的上升期，具有巨大的市场发展空间，也拥有丰富的自然资源、人力资源等。这为中国制造业国际化提供了难得的机遇，一方面，沿线国家市场结构和产品需求与中国较为相似，并且中国装备制造业在部分领域具有相对的技术优势，可以较好地满足沿线国家的需求；另一方面，企业可利用当地丰富的资源来降低生产成本，提高生产效率，保持自身竞争优势进而提高利润率。

此外，企业进行国际业务拓展的时候，技术溢出效应有利于促进东道国传统制造业的转型升级，技术逆向溢出效应则使投资企业通过吸收东道国的先进技术从而带动技术水平的提高和整个产业的转型升级。

（二）中国传统制造业对外直接投资的潜在挑战

随着全球经济的发展和社会的进步，市场对制造业产品提出了更高的要求，传统制造业迫切需要转型升级。近年来，人们的物质生活水平不断提高，消费者的关注重点从“数量”逐渐转变为“质量”，对个性化产品和服务的需求更加强烈。以家电行业为例，传统家电行业主要通过研发部门开发产品后投入生产，容易出现研发市场需求脱节、产品设计缺乏人性化等结果。为此，海尔集团针对市场需求的变化推出了开放创新平台 HOPE，旨在让全球的用户和资源在平台上进行零距离交互，寻找满足用户需求的解决方案，并为研发技术寻找合适的技术资源。随着越来越多的研发技术需求和方案在 HOPE 上发布，海尔集团能够生产满足客户需求和用途更人性化的产品，一些产品已经被投入市场。但部分中国传统制造企业在对外转移产能的同时仍沿用旧的生产模式，即使可以利用东道国资源来降低成本、保持价格优势，但仍需接受不断升级的市场需求的考验，给传统制造业海外投资与国际化经营带来了潜在的挑战。

近年来，全球制造业竞争日益激烈。因此，只有推动以制造业为核心的实体经济高质量发展，才能保持国家竞争力，保证国民经济健康发展。经历了 2008 年全球金融危机之后，实体经济的重要性被重新认知，英国、美国、德国、法国等发达国家相继提出“再工业化”战略，印度等发展中国家也在加快谋划和布局。由于中国制造业发展水平参差不齐，相当一部分企业还处在较落后的“工业 2.0”的阶段，需要探索“工业 3.0”和“工业 4.0”并行发展道路。尽管中国也提出了“中国制造 2025”战略规划，着力推进制造强国建设，但中国传统制造业在升级转型的道路上仍面临巨大的竞争压力[①]。身处竞争激烈的市场环境，技术相对落后的中国传统制造企业在对外直接投资中可能要面对利润低、投资回报周期长的处境，从而增加了对外投资的风险。

① 资料来源：《中国制造业走向 2025》。

第三节　新兴制造业

中国新兴制造业当前发展势头迅猛，且得益于技术水平的不断提升和市场需求的稳定增长，未来仍有较大的发展潜力。然而，部分国家设立较高的市场准入门槛，因此中国新兴制造业“走出去”需面临更激烈的市场竞争和更多的政治风险。

一、中国新兴制造业发展态势分析

得益于政府的大力支持和企业对技术研发的重视,中国新兴制造业迅猛发展。但是，产业链的不完善和新材料新技术配套不足，增加了企业的研发成本，限制了产业整体体量。

（一）中国新兴制造业发展背景分析

中国新兴制造业迅猛发展，但体量较小。2018 年，中国高新技术制造业的增加值较 2017 年增长了 11.7%，增速比规模以上工业高 5.5 个百分点；高新技术制造业占规模以上工业增加值的比例约为 13.9%，比 2017 年增加了 1.2 个百分点。新兴装备制造业的增加值增长了 8.1%，增速高于规模以上工业 1.9 个百分点；占规模以上工业增加值的比例为 32.9%，比 2017 年增加了 0.2 个百分点①。虽然新兴制造业有着良好的发展前景，但是其在制造业中所占的比重依然较低。

（二）中国新兴制造业发展路径和问题分析

中国对新兴制造业的政策支持力度不断加大。一是产业得到国家宏观战略的支持。“一带一路”倡议、“中国制造 2025”战略和《国家创新驱动发展战略纲要》等为供给侧改革提供政策支撑，助推制造业转型升级，大力支持新兴制造业发展。二是产业获得中央和地方的政策助力。多部委正在密集部署规划，包括在集成电路、信息光电子、智能传感器等领域加快创新中心布局和建设，引导金融机构加大对先进制造业、高技术制造业的支持力度等。上海、安徽、江苏等地也正加快政策细则出台，重点部署高端制造、智能制造、电子信息、新材料等，竞相打造制造业创新发展高地。同时，更多支持制造业创新的政策也有望加快落地。

中国对新兴制造业的研发投入不断增加。随着新兴制造业的兴起，企业在研究开发方面也加大了投入。2018 年，政府在科学技术上的财政支出高达 9518.0 亿元，增速比上年快 5.50%，在财政支出中占比升至 4.31%。以医药制造业为例，

① 资料来源：根据国家统计局网站资料整理而得。

该行业 2010 年及 2016 年的研发资本存量分别为 343.0 亿元、1278.4 亿元（陈钰芬和侯睿婕，2019）。中国研发投入的大幅增加无疑能为新兴制造业发展提供强大的支持。

中国新兴制造业新材料新技术配套不足。产业链前端的环节缺失或者较弱，导致后端技术运用只能依靠进口材料和技术，大大增加了企业的成本，不利于新兴制造业的发展。比如，虽然近年来中国集成电路行业发展迅猛，但生产环节所需要的高端集成电路产品零件和技术仍依赖进口，缺乏核心技术和生产工艺，难以构建产业核心竞争力与保障产业信息安全。此外，对比历年来集成电路进出口平均价格发现，进口价格远超出口价格。价格是反映集成电路产品技术和创新能力的要素之一，由此可见，目前中国集成电路行业创新能力仍不足，产业发展水平与先进国家（地区）相比依然存在较大差距。现阶段，中国急需推进新兴制造业新材料新技术的基础科研，完善产业链。

二、中国新兴制造业对外直接投资态势分析

中国新兴制造业对外投资发展迅猛，增速较快，但地理布局较为集中，因而面临着激烈的国际竞争和较大的政治风险。现阶段，新兴制造业对外投资正处于蓬勃的发展时期，产业链的延伸和价值链的提升是现在发展的主要方向。

（一）中国新兴制造业对外直接投资现状分析

（1）中国新兴制造业对外投资发展迅猛。随着产业结构的持续优化，中国企业继续布局全球产业链。2018 年，中国制造业对外直接投资 191.1 亿美元，其中流向装备制造业的投资 114.0 亿美元，同比增长 3.4%，占制造业投资的 59.7%。新兴制造业对外直接投资主要流向汽车制造业（43.0 亿美元）、计算机/通信及其他电子设备制造（23.7 亿美元）、专用设备制造业（15.1 亿美元）、医药制造业（13.7 亿美元）、电气机械和器材制造业（6.1 亿美元）、铁路/船舶/航空航天和其他运输设备制造业（6.0 亿美元）、仪器仪表制造业（1.2 亿美元）。装备制造业存量 959.2 亿美元，占制造业投资存量的 52.6%，对计算机/通信及其他电子设备制造、汽车制造、专用设备制造的投资均超过 100 亿美元。

（2）新兴制造业跨国并购活跃。晨哨并购在《国之重器！2018 制造业中资海外 10 大并购案例》中指出，截至 2018 年 12 月 17 日，制造业领域一共发生 67 宗并购交易（不含并购终止交易），其中超过半数交易涉及和半导体、传感器、机器人、新材料相关的高端制造和智能制造领域。

（3）中国新兴制造业对外投资东道国日趋多元。李国洋等（2018）认为，东道国多元化体现在 90%的投资项目集中在中欧，现已逐步向其他区域扩散。从行业分布上看，医药制造业集中于以色列、德国与印度，三国所占比重分别为 63.0%、

25.0%和13.0%。这与东道国产业竞争优势有关，其中以色列医药行业处于国际领先地位，德国在机械制造产业研发能力突出，而印度整体生物医药研发成本较低。

（二）中国新兴制造业对外直接投资问题分析

（1）中国新兴制造业对外投资面临与东道国当地企业的激烈竞争。一方面，中国新兴制造业相较于许多发达国家在质量上仍有差距。很多国家都在积极推进“工业4.0”发展进程，且它们工业体系发达，技术成熟。与之相比，中国新兴制造业国际竞争力较弱。另一方面，中国企业跨国经营能力仍需提升。由于中国企业海外直接投资的起步比较晚，企业往往在投资决策、项目运营、制度管理等方面存在不足，核心竞争力较弱，难以适应东道国市场的激烈竞争。现阶段，中国企业对外直接投资急需提高自身产品竞争力和跨国经营能力以迎接挑战。

（2）政治风险对新兴制造业对外投资造成了冲击。在美国，由财政部牵头的跨部门机构美国投资委员会（The Committee on Foreign Investment in the United，CFIUS），就外资并购是否威胁到美国国家安全进行审查。

三、中国新兴制造业对外直接投资的趋势研判

新兴制造业国际市场需求不断扩大，给中国新兴制造业对外直接投资带来了机遇。然而，部分国家愈发高筑的市场准入门槛和“中国威胁论”等不实舆论，也阻碍了该产业扩大“走出去”规模。

（一）中国新兴制造业对外直接投资的战略机遇

新兴制造业市场需求的不断扩大，为中国新兴制造业对外直接投资提供了广阔的市场空间和难得的发展机遇。一方面，互联网、移动通信、云计算、大数据、区块链等新兴技术正加速融入人们的日常生活和各行各业的发展中，世界各国对新技术和相关设备的需求不断扩大，推动了半导体、锂电池、手机、计算机、环保设备等新兴制造业的发展，给中国新兴制造业带来了对外投资的良机。另一方面，为推动经济持续增长，优化国内产业结构，许多新兴经济体和发展中国家都加大力度引进新兴制造业外商投资，有利于中国新兴制造业企业在这些国家开展投资活动。例如，印度政府当前正在极力推进“印度制造”计划，积极引进中国高端制造企业赴印投资，给中国新兴制造业带来了投资新机遇。

（二）中国新兴制造业对外直接投资的潜在挑战

（1）部分国家将新兴制造业列为战略性产业，建立市场壁垒。以美国为首的众多发达国家为保护本国战略产业，对中国新兴制造业对外直接投资设置重重障

碍。2016年，中资企业福建宏芯基金欲收购德国芯片企业爱思强，出于保护战略技术的目的，美国监管机构以该项收购涉及军事用途为由否决。还有很多涉及优质资产的海外并购被无情地拒之门外，这不利于中国新兴制造业企业国际品牌的建立和国际化经营战略的实施。而且，这阻碍了中国新兴制造业企业的技术革新，乃至整个产业技术的进步和国家产业结构的升级。

（2）部分西方国家所谓的“中国威胁论”阻碍了中国新兴制造业发展和对外直接投资活动的开展。当前，“中国威胁论”被众多西方媒体大肆传播，对中国新兴制造业造成了负面影响。比如，美国宣传中国利用歧视性的许可制度、不公平的技术转让协议、有针对性的对外投资活动、未经授权的对美国商业计算机网络的入侵行为及通过互联网进行的知识产权盗窃活动等来获取外国技术。

第四节　新兴服务业

中国新兴服务业发展势头迅猛，对外直接投资存量和流量稳步增长，结构多元，且外部市场需求量大，未来扩大对外直接投资的潜力较大。但是，由于技术含量尚待提高，加之国际市场竞争激烈，第三产业产值增速有所下滑，且各国政治风险和制度风险较高，这些因素对新兴服务业自身发展和对外投资提出了挑战。

一、中国新兴服务业发展态势分析

中国新兴服务业增加值平稳提升，产业结构不断优化，业态发展势头良好。但是，新业态的配套不能紧跟发展，当前新兴服务业技术水平有待提高。本节将介绍新兴服务业的发展现状并分析其趋势。

（一）中国新兴服务业发展背景分析

（1）中国服务业增长态势稳定，新兴服务业快速发展。2018年，中国服务业的增加值高达469 575亿元，比2017年增长了7.6%，增速高于第一产业和第二产业，占全国GDP比例约为52.2%。金融业（14.7%）和房地产（12.7%）等传统服务业逐渐成为国民经济的重要支撑，信息技术服务业和商务服务业等新兴现代服务业持续加速发展，其2018年增加值占比分别为6.9%与5.2%。伴随互联网产业的迅速发展，传统的批发和零售业、住宿和餐饮业服务业不断融入信息化、数字化经济浪潮，出现了包括电子商务、网上零售和网络订餐等在内的一系列新商业模式和业态。2015—2018年，中国的网上零售额年均增速和电子商务交易额分别达到了28.8%和17.8%。根据中商产业研究院公布的数据，2018年中国实体商品网上零售额占社会消费品零售总额的比例高达18.4%。新兴服务业快速发展，支撑作用逐步凸显。

（2）新兴服务业结构持续优化。伴随着信息技术的发展，新兴服务业业态得以良好发展。2018 年 1—10 月，科技服务业、战略性新兴服务业、高技术服务业等规模以上服务业的营业收入都有大幅的增加。其中，基于信息技术的服务业营业收入增长幅度最大，如数据处理和存储服务同比增长 34.5%、互联网信息服务同比增长 25.7%、软件开发同比增长 19.3%。工程勘察设计、能源矿产地质勘查、测绘服务等行业的营业收入均有超过 15.0%的增长。战略性新兴服务业、科技服务业营业收入占全部规模以上服务业营业收入的比重为 25.7%和 31.0%，分别比上年同期提高 2.1 和 2.6 个百分点（国家统计局，2018）。随着信息技术的延伸和发展，新兴服务业经济结构进一步优化。

（二）中国新兴服务业发展问题分析

（1）现阶段服务业新业态蓬勃发展。物联网、人工智能、大数据和云计算等新一代信息技术不断向各行业渗透，服务业新模式和新业态不断涌现。2019 年第一季度，以提供公共服务平台、生产服务平台、生活服务平台和科技创新平台为主的服务业企业实现业务收入约 329.1 亿元，较 2018 年第一季度增长 24.8%，增速较前 2 个月提高了 14.4 个百分点。在人工智能、5G 等新兴产业快速发展的带动下，信息技术行业的发展速度不断加快。2019 年第一季度，信息传输/软件和信息技术服务业同比增长 21.2%（李予阳，2019）。

（2）新技术配套不足，削弱了服务业质量。由于结构性人口问题，中国服务业劳动生产率明显低于第二产业，且差距不断拉大。近年来，我国服务业对 GDP 的贡献率逐年提高，按当年价格计算，2015 年第三产业增加值占 GDP 的比重首次超过 50.0%，2018 年已达到 52.2%，服务业对经济增长的作用进一步彰显。但是，我国服务业劳动生产率仍明显低于第二产业。按当年价格计算，2017 年，我国服务业劳动生产率为 124 446.37 万元/人，仅相当于第二产业的 82.14%。我国服务业劳动生产率与发达国家的相对差距在总体上仍然较大，按 2015 年美元不变价格计算，我国服务业劳动生产率分别相当于美国的 12.1%和日本的 13.0%（陈健和陈志，2019）。由此可见，中国服务业劳动生产率较低，科技对服务业的贡献率还有待进一步提高。以信息传输/软件和信息技术服务业为例，目前，中国软件和信息技术服务业的基础科学研究、应用和创新实力依然薄弱，底层算法和核心工业软件对国外产品依赖程度大，技术迭代与优化能力较弱，从而导致产业的国际影响力与产业整体规模不匹配，国际竞争力相对较弱。

二、中国新兴服务业对外直接投资态势分析

中国新兴服务业对外直接投资存量和流量较大，结构趋向多元，但地理布局较为集中。与此同时，其受到的政治风险与制度风险比较突出。因此，本部分主

要探讨中国新兴服务业对外投资发展过程中所面临的挑战和难题。

（一）中国新兴服务业对外直接投资现状分析

（1）中国服务业对外直接投资发展迅速，新兴服务业对外直接投资存量大。《2018年度中国对外直接投资统计公报》数据显示，截至2018年末中国对外直接投资存量的78%集中在第三产业，金额达15 457.9亿美元。其中，对外直接投资存量规模超千亿美元的分别有信息传输/软件和信息技术服务业、租赁和商务服务业和金融业等新兴服务业，而租赁和商务服务业和金融业对外投资流量超过百亿美元。由此可见，中国新兴服务业对外直接投资存量大，表现突出。

（2）中国新兴服务业对外直接投资构成持续优化，非理性投资活动得到有效管控。2018年，中国对外投资主要流向商务服务业、金融业、信息技术服务业和科研技术服务业等领域，分别占当年对外投资流量的35.5%、15.2%和2.7%，其中科学研究和技术服务业同比增长59%。而中国互联网巨头借助在国内建立的市场和技术优势，加紧海外布局并争夺全球市场。根据ThomaonOne统计2018年中国企业海外并购情况，TMT完成并购173笔交易，稳居当年第一，消费行业和金融服务业则分别是152笔和95笔。从交易数量上看，TMT连续5年成为中国企业跨国并购最集中的行业。由此可见，中国新兴服务业对外直接投资结构进一步优化，非理性投资减少。

（3）中国新兴服务业对外直接投资主要集中于亚洲，常年占中国对外直接投资总额比重的2/3以上。2017年，在新兴服务业领域，中国对亚洲区域直接投资比重最大，达到70%以上，对欧洲直接投资比重约为12%，而对非洲、拉丁美洲、北美洲及大洋洲等地区的直接投资比重均不超过一成。

（4）新兴服务业在对外直接投资领域的优势将继续保持。以信息传输/计算机服务和软件业等行业为例，从2009年起，该行业对外直接投资的投资流量和投资存量的增长速度趋于平稳，其中受到“中国制造 2025”政策的影响，信息技术行业在2016年迎来了对外投资流量的最大值，达到186.60亿美元（表7-3）。随着全球产业升级大潮影响的扩大，信息传输/软件和信息技术服务业对外直接投资存量增速不断加快。按照行业分对外直接投资中，租赁和商务服务业有体量大、占比高的特点，是中国对外直接投资领域中最具代表性的行业。

表7-3 2009—2018年部分新兴服务业对外直接投资流量与存量（单位：亿美元）

年份	租赁和商务服务业				信息传输/软件和信息技术服务业			
	投资流量	占比	投资存量	占比	投资流量	占比	投资存量	占比
2018	507.78	35.50%	6754.64	34.08%	56.31	3.94%	1935.74	9.77%
2017	542.73	34.29%	6157.73	34.04%	44.30	2.80%	2188.97	12.10%

续表

年份	租赁和商务服务业				信息传输/软件和信息技术服务业			
	投资流量	占比	投资存量	占比	投资流量	占比	投资存量	占比
2016	657.81	33.54%	4739.94	34.92%	186.60	9.51%	648.01	4.77%
2015	362.57	24.89%	4095.67	37.31%	68.20	4.68%	209.27	1.91%
2014	368.30	29.91%	3224.43	36.53%	31.69	2.57%	123.25	1.40%
2013	270.56	25.09%	1957.33	29.64%	14.00	1.30%	73.84	1.12%
2012	267.40	30.46%	1756.97	33.03%	12.40	1.41%	48.19	0.91%
2011	255.97	34.29%	1422.90	33.50%	7.76	1.04%	95.53	2.25%
2010	302.80	44.01%	972.46	30.66%	5.06	0.74%	84.06	2.65%
2009	204.73	36.22%	729.49	29.68%	2.78	0.49%	19.67	0.80%

资料来源：国家统计局网站

（二）中国新兴服务业对外直接投资问题分析

中国新兴服务业对外直接投资虽然发展较快，但同时存在不少问题。一是行业分布不均，主要流向租赁和商务服务业与金融业，而技术和知识密集程度较高的信息传输/软件和信息技术服务业和科学研究和技术服务业虽然发展迅猛，但在对外直接投资中的占比依然较小，2018 年对外直接投资流量分别占 3.9%和 2.7%（商务部等，2019）。二是中国新兴服务业核心技术研发能力有待提升。由于产业基础薄弱，核心竞争力不强，中国新兴服务业在对外直接投资中处于劣势位置，容易造成投资失败。以信息传输/软件和信息技术服务业为例，企业在研发创新方面主要是跟随式创新，软件、芯片等方面的自主研发能力与发达国家的差距仍较大，核心技术产品和关键技术对国外供应商的依赖较严重，在国际竞争中面临发展瓶颈，这不利于企业的对外投资。

三、中国新兴服务业对外直接投资的趋势研判

全球生活水平的提高和全球“再工业化”浪潮的兴起，为中国生活性和生产性新兴服务业对外直接投资创造了巨大的市场需求。但是，需求扩大的同时，各国新兴服务业供给也在增加，国际市场竞争激烈。与此同时，第三产业增速开始放缓，也对中国新兴服务业扩大“走出去”规模提出了挑战。

（一）中国新兴服务业对外直接投资的战略机遇

（1）全球生活水平提升扩大对生活性服务业的需求。从多种不同的经济理论和历史经验可知，生活性服务业的发展和居民收入水平是高度相关的。根据世界银行统计的数据，2018 年世界人均国内生产总值为 1.13 万美元，较 2015 年世界

人均国内生产总值增长 10.78%，全球生活水平持续提高[①]。随着世界人均国内生产总值的增长，各国居民收入不断增加，世界市场对服务的需求正在发生巨大的变化。全球消费结构升级步伐加快，人们由过去的物质消费向生活性服务消费转变，旅游、文化、教育、健康等方面的生活性服务需求扩大，为生活性服务业的发展注入了活力和动力。

（2）后工业时代、经济全球化扩大对生产性服务业的需求。2008 年国际金融危机发生后，一些国家陆续提出"再工业化"战略，如德国提出的"工业 4.0"战略、中国提出的"中国制造 2025"战略、日本提出的"工业互联网"战略等。在向工业化后期转变的阶段，工业转型升级的一个突出特点是企业经济活动由以生产为中心转向以服务为中心，从而不断推动和加强经济服务化，使得生产性服务业在工业转型升级中的作用不断凸显。同时，随着全球化的深入、企业规模的扩大和生产过程技术复杂性的提高，引发了对中间服务的需求，由此产生各类设计、研发、物流、销售等新业态。生产性服务业的市场需求扩大是后工业化和经济全球化共同作用的结果。

（二）中国新兴服务业对外直接投资的潜在挑战

（1）全球新兴服务业竞争激烈，给中国新兴服务业对外投资与海外经营带来了风险。以中国系统集成服务行业为例，目前市场上主要的系统集成厂商主要包括三类：一是全球性的系统集成厂商，包括国际商业机器公司、惠普等全球知名公司，服务对象主要是电信、金融和银行等大中型企业。二是中国本土的系统集成、研发厂商，包括中国软件与技术服务股份有限公司、东软集团股份有限公司、神州数码控股有限公司等具有一定规模的企业，客户对象主要是政府、企事业单位、先进制造等行业。三是亚太地区的系统集成厂商，包括日本电气股份有限公司、富士通等，它们主要为该国在华投资企业进行系统设计和升级服务。由此可见，系统集成市场的分散程度高，市场竞争非常激烈。由于中国新兴服务业在关键技术上仍落后于发达国家，在海外投资和经营过程中无法以技术取胜，为了生存只能实施价格竞争战略，从而导致利润降低，面临着亏损的风险。

（2）政治风险给中国新兴服务业对外投资带来了极大的阻碍。近年来，逆全球化、贸易保护主义和美国主动发起贸易战等因素，加大了中国新兴服务业进行对外投资的难度。此外，恐怖主义和极端主义外溢明显，严重威胁财产和人身安全，给投资带来了不稳定因素。

① 资料来源：世界银行数据库。

第八章　推动中国对外直接投资高质量发展的战略思路与政策路径

改革开放以来，中国在对外开放上取得了巨大的成就。尤其是在外资“引进来”方面，大量的外资企业为中国创造了巨大的经济效益和社会效益。随着中国经济社会的不断发展，中国本土企业“走出去”的实力不断增强。但当前中国无论是在布局全球投资战略还是企业实施国际化进程中都面临着不少挑战与问题，急需找出对策，实现对外开放的高质量发展。那么，在“一带一路”倡议等相关有利政策下，如何提高企业海外投资的积极性，做到既有“引进来”，也有“走出去”，成了急需解决的问题。

第一节　总 体 思 路

为鼓励和引导国内企业有序“走出去”，基于前文所提到的现存问题和进步空间，本书提出了“一四四”战略，即一个原则、四个目标和四大路径。以构建全面新格局为根本原则，确立服务体系建设、双多边投资机制建设、健全监管体系、完善政策设计等四方面为战略目标，从而制定健全服务体系、完善投资机制、优化投资监管和落实政策引导的政策发展路径。通过制定总体发展战略，逐步落实和完善政策体系，从而早日实现对外直接投资高质量发展的宏伟蓝图。

一、一个原则

以党的十九大报告对形成全面开放新格局的指示为统领的战略原则，坚持以“一带一路”倡议为建设重心，落实“走出去”和“引进来”并重，遵循共商、共建、共享的基本原则，以制度创新提高开放合作能力，构建陆海内外联动、东西双向互济的新型对外开放格局。推动新一轮全面开放新格局，包括领域拓宽、范围扩大，也包括层次加深和方式创新。在积极高效利用外资的同时，拓展对外投资合作范围，加快推动中国高质量开放型经济发展；在巩固和深化对发达国家技术市场合作的同时，加快紧密和扩大同发展中国家的市场联系，从而形成多元化、全方位的全球合作格局；在推行和实现现行多边贸易体制的同时，提高在全球治理问题中的参与度，为全球开放制度建设贡献大国力量。以构建全面开放新格局为根本原则，为鼓励和引导企业有序“走出去”提供战略性指导，使企业面向世界、面向未来。

二、四个目标

根据上述全面形成对外开放新格局的原则，我们提出了鼓励和引导国内企业有序“走出去”的四大目标。

（1）以加强“走出去”企业服务体系建设为目标。国内企业有序地“走出去”，是具有划时代意义的一步，政府提供全方位的保障与服务势在必行，如税费减免、金融支撑、综合性服务业平台保障、海外投资信息预警平台等全方位的支持与服务。尽管目前“走出去”的企业得到了一定的政策支持，但是为企业提供全面的、更深层次的服务才是保障其有序“走出去”的根本。

（2）以完善双、多边投资机制建设为目标。“一带一路”倡议的推行，改善了与沿线国家的关系，这一倡议符合多国的利益。以此为基础，进一步推进市场开放，加快国际投资协议谈判和制度建设进程，成了企业有序“走出去”的充分条件。以小区域多边或双边投资协议为基础，推进“一带一路”沿线各国相互投资的国际协议和制度的确立，降低企业落户的难度，在企业获取利润的同时，也能给当地带来社会效益，为进一步深化合作提供可能性。

（3）以健全对外投资监管体系为目标。当前中国企业“走出去”过程中依然存在着较多的合规性问题，包括在技术、税收和资金合法、合理使用等方面均存在着“违反”国家法律法规和违背国家利益等问题，中国政府急需进一步健全以“法制”为核心的对外投资监管体系。

（4）以完善对外投资引导政策设计为目标。单纯依靠企业自觉和市场调节的对外投资发展具有较大的盲目性，中国政府必须进一步完善企业对外投资的引导政策体系设计，通过合理、合法且遵循市场规律的方式，鼓励和引导企业在“走出去”过程中积极参与国家战略的实施和助力国家利益的实现。

三、四大路径

为实现上述四大目标，推动对外直接投资体系的完善和升级，以更高质量迎接新一轮开放经济，根据战略原则与战略目标的要求，制定了以服务体系、投资机制、监管体系和引导政策四个方面为主的政策路径，从而更好地鼓励和引导国内企业有序“走出去”。

（一）健全服务体系

针对目前政策落实不到位、境外投资服务信息具有滞后性、企业融资困难等问题，中国需要加强企业“走出去”服务体系建设，建立企业“走出去”前、“走出去”过程中、在投资国落户后的全方位服务体系，降低企业“走出去”的风险，切实可行地帮助企业制订长期发展计划。

（1）加强信息服务，完善信息交流平台。首先，帮助企业搜集投资国家的相关信息，有利于深化企业在政治、经济、安全、法律、自然环境等方面对投资目的国的了解。除了管理好现有的可以为企业提供相关法律法规、投资政策等信息的网站外，可以设立专门的信息咨询和服务部门，帮助企业及时地掌握最新信息。例如，根据企业的融资需求及产品服务方向，帮助企业在投资目的国选定投资地点，提供目的国的融资政策与流程，帮助其分析潜在的投资风险和企业投资优势，使得企业可以通过这些信息制定自身发展战略，提高其竞争力和生存能力。此外，投资目的国的投资相关法律与中国存在一定的差异，法律咨询的需求长期存在，因而设立法律咨询部门具有必要性，通过法律咨询帮助企业了解国家的法律政策，对比目的国与中国法律的异同处，并就如何在当地寻求法律帮助给予适当的建议。其次，建立企业信息交流平台，鼓励当地中国企业在平台上就经济、法律、环境等方面进行信息交流，形成国别投资信息交流网络，推动企业与企业之间的相互合作和互助协调。

（2）优化审核部门，缩短审核流程。针对目前对外投资核准备案流程冗杂、所需时间长、经济成本高的问题，政府应对目前的审核部门进行优化，在不影响审查工作的情况下，减少审查人员，合并、删减审查机构，降低工作冗余，从一部门对应一步骤过渡到一对多，节省企业因交通往返所造成的时间和经济成本。同时，设立网上申报处理网站，实现审核工作电子化，通过企业网上提交申请材料、关键审核步骤面对面解决的方法，减少企业往返次数，将人力资源分配至帮助、引导企业材料准备和申报中，最终简化审核流程，实现人力资源最大化利用。

（3）优化投资政策，加大落实力度。针对目前中国对外直接投资政策针对性和有效性不足、政策覆盖面窄的问题，中国应当加强与其他国家的交流，及时了解其针对外来投资的政策，有所针对地制定对外直接投资政策，将政策重叠转化为政策交互。深入分析其他国家的投资政策特点，对于扶持和支持外来企业的政策，应考虑其实施的可行性和时效性，减少有重叠的政策扶持力度，重点针对研究投资目的国保护本地企业、限制外来企业的政策，制定相应的扶持与鼓励政策，减少中国企业进入这些国家投资的阻碍，并提升其生存能力和竞争力。在政策落实方面，可以设立政策落实情况反馈网站，并通过走访、调查从当地企业获取最新政策落实动态，让企业充当监督者的角色。

（二）完善投资机制

中国应按步骤推动双、多边国际投资机制的建设，为中国企业“走出去”提供有效的制度保障。

（1）充分运用“相同观点集团”（like-minded group，LMG）方法来指导初期的国际投资机制建设。LMG 方法旨在通过“非机制化”（uninstitutionalized）和“非正式”（informal）的方式来形成一个“国家集团”，并在集团内针对某一问题领域进行意见的交换、集体的行动和利益的分享，包括联合国和世界贸易组织都是部分运用这一方法建立起来的。根据 LMG 方法，中国在充分了解各国对于双、多边投资方面的利益诉求和选择倾向并对各国国际投资能力做出合理评估后，应筛选出与中国有着共同或相近利益诉求的国家，并组建一个初步的、非机制化的和非正式的国际投资合作论坛（可以“一带一路”为突破口），为加强中国与其他合作参与国的信息交流和合作协调提供平台。

（2）在早期的非正式论坛发展完善后，考虑推动其进一步向机制化、体系化方向发展，在增强该组织的强制力、协调力和政治影响力的同时，考虑不断扩大成员范围。值得注意的是，深化发展阶段的国际投资合作机制建设必然无法脱离其他的国际政治经济议题而进行单独的考量，因此要结合具体的国际政治经济合作背景，将国际投资协议和制度的建设纳入更为宏观的框架之下加以考虑。

（3）不断深化、细化投资协议和机制所涵盖的内容。具体而言，不仅要在第二产业和具体的制造品生产领域进行跨境投资合作，还应该注意研究各种新形态投资领域的合作，如电子商务、服务行业和电子货币生产等，以保证跨国投资协议机制的时效性和适用性。

（三）优化监管体制

推动对外投资监管体系升级，不仅能够有效实现企业对外投资在国内环境中的合规合法，也有利于帮助企业适应法制化、国际化的市场环境。

（1）投资监管体系建设应以法制为核心。加快从立法和司法层面完善关于企业“走出去”的相关法律法规，摆脱以往和当前主要依靠行政法规与行政命令对对外投资进行监管的局面。同时，在对外投资监管体系建立过程中，要积极对接世界银行的“营商环境”指标，提高中国对外投资监管体系的国际化和现代化水平。

（2）强化对企业“走出去”的技术和税收监管。在技术监管方面，要加快完善相关法律法规，紧跟技术发展步伐，加强对企业技术输出的监管，以确保国家在这一方面的安全和利益。在税收监管方面，首先要加强税务体系的现代化、电子化和信息化建设，形成高效、高质、全方位的监控体系，有效掌握企业资金外流的相关信息。其次，要积极开展与世界各国的税收合作，共同搭建有效的税收信息交换和监管体系，加强对进出“避税天堂”资金的监控，在减少国家的税收损失的同时，也能防止外汇储备的非合理流失。

（3）积极引导企业对发展资金的合理使用。首先，要搭建现代、科学、合理的对外投资评估体系，对企业对外投资资金用途和使用方式进行高效且科学的判断，在不影响企业经营和竞争效率的情况下，确保企业对外投资对企业自身和国家的“回报率”。其次，要建立完善的“否决机制”，对于不予通过的对外投资行为，予以后续的投资建议和服务，为企业“走出去”的行政程序建立完整的闭环路径。最后，要搭建对企业对外投资的“事中监管机制”，确保企业对外投资资金的合规、合理使用。

（四）落实政策引导

优化推动企业“走出去”的政策引导体系建设，不仅能够壮大中国企业在国际市场上的力量，还能够进一步鼓励和引导市场力量发挥优势以促进中国海外国家利益的实现。

（1）政策制定需遵循市场规律。与对外贸易类似，对外投资的主体主要以私有企业为主。为此，政府在制定对外投资的鼓励和引导政策时，必须以市场规律为基础，深入认识到个人和企业在“理性预期”下的逐利本质，并通过企业座谈会和实地考察等方式，充分掌握市场上私人部门对对外投资方面存在的政策需求，以此来更好地制定对外投资政策，培育与壮大中国对外投资主体力量。

（2）营造公平的政策环境。对外投资政策设计过程中必须保证其公平性，在能够有效推动国有企业对外投资发展的同时，也要保证对私营部门“走出去”的非歧视。一方面，要加强国有企业作为政策“试验田”的角色，对于一些实验性的、一般性的对外投资政策，必须落实到国有企业运营过程中，以观察政策的运行效果，经过调整后再进一步推广至私营部门。另一方面，要保证国家在对外投资过程中不“与民争利”，不通过国有企业天然的政治、资本和渠道优势过度占领市场上的对外投资资源。

（3）实现企业发展和国家利益的有机联动。首先，要鼓励企业“走出去”过程中积极对接国家的“一带一路”倡议和供给侧结构性改革。鼓励和引导企业对外输出中低端产能，尤其是在“一带一路”沿线的新兴国家内投资建厂和转移过剩的生产能力。其次，鼓励和引导企业服务于国家关于“中国制造 2025”战略和其他相关的技术升级的经济发展方针，鼓励其积极在海外获取外国先进技术和人才，掌握海外优质资本，在服务于企业自身竞争力提高的同时，带动国内相关行业的发展。

第二节　保障措施

保障政策的有效落地，是实现高质量发展的内在要求。因此，根据前文提出的四大战略路径，下文将在现有研究的基础上从政策、法律、融资和人才四方面提出保障措施。

一、政策保障

（1）建立鼓励政策，简化审批手续。根据中国的实际状况，完全依赖市场体制或者完全依靠政府主导体制进行对外直接投资的方式在中国都是不可行的，应该建立一个具有中国特色的对外直接投资机制。在这种机制下，企业根据自身的比较优势与经营能力进行对外投资，政府有限地适度干预并提供合理的宏观指导，协调好政府、企业及市场三者的关系，提供良好的市场与政策环境。第一，国家应为“走出去”的企业实行财政补贴和税收优惠政策，可以直接给予企业一定的资金支持，也可以对本国的企业实行一定的税收减免，活化企业资金流。第二，可以借鉴发达国家经验减少企业对外投资的制度障碍，有针对性地建立新的申报和核准备案政策机制，设立专门的申报处理部门，简化申报手续和流程，为企业尽快进入国外市场赢得时间。

（2）建立完善的企业海外投资扶持政策体系。随着中国企业不断发展和壮大，希望通过海外投资加快企业国际化进程，因此出现了大量企业“走出去”的成功案例，如海尔集团、美的集团等典型案例。为了引导企业理性投资，实现海外投资主体和产业的多元化，政府应尽快出台和完善各类扶持政策，紧跟企业海外投资增长的势头。以民营企业为例，政府一方面提供便利、快捷的平台拓宽企业的融资渠道，让民营企业在融资、税收、换汇中都能获得公平的对待，在融资与对外合作上适当向民营企业倾斜资源。同时，建设与完善中小企业的对外投资服务体系。由于中小企业所面对的平台和机遇有限，容易在投资活动中出现信息不对称的情况。因此，政府可利用现有体系，整合社会资源搭建服务平台，向民营企业提供财务、税务、法律咨询等方面的服务，为企业发展与对外投资营造良好的外部环境，形成良性的循环，带动更多企业“走出去”。

（3）建立企业跨国并购支持政策。第一，协助企业做好海外投资的选点工作。由于并购前期的工作漫长且繁杂，需要耗费大量的时间、金钱和精力，且存在因微小的疏漏而失败的风险，因此，政府应加大在宏观层面的引导和协助力度。第二，政府设置专业机构对企业海外并购进行全方位的指导，从宏观上帮助企业了解东道国的政治法律和人文历史等，从而针对投资标的进行更有效的规划；从微观上协助企业进行自我评估、风险研判和财务分析，为企业量身制订长期发展计划，提高海外投资收益。第三，政府为企业提供并购后的整合服务方案。大力提倡和支持专业机构向企业提供专业服务，加快投资后的本土化和国际化的整合过程。发挥驻外机构如领事馆、金融机构海外分支和国际事务所的作用，向企业提供文化整合、人力资源整合等方面的帮助，缩短并购后的磨合期。第四，构建以政府为主导的全方位风险防范服务体系，逐渐形成开放型经济新体制下的中国对外投资风险防范体系。

（4）制订境外经贸合作区长期发展规划。境外经贸合作区是中国企业“走出去”的重要发展平台，也是实现海外投资的“跳板”。因此，政府可结合国内产业趋势和国际市场的需求，发挥政策指引和协调作用，引导企业到合作区进行投资和生产。为了确保投资走向理性，政府应制订可执行的长期规划，对合作区的功能、发展方向与配套服务进行全面的部署，防止出现重复定位、发展滞后和配套实施不同步等情况。另外，政府应充分考虑产业、行业与企业之间的优势与劣势，从而在合作区内实现优势互补、共享资源，促成区内集群式发展，增强中国企业在海外抵御和规避风险的能力。

二、法律保障

（1）完善对外投资法律体系，使对外投资活动更有保障。首先，整合现有规章制度，加快制定专门的海外投资法，规范企业和个人对外投资的范围和业务，保障国家和企业在海外投资的合法权益，继续深化对外投资核准备案政策改革。其次，增强与东道国的政治互信，加快推动双边投资协定的签订和生效。最后，建立法律监管和反馈平台，核实政策实施情况，针对企业在海外投资时国内相关政策落实情况有待加强的问题，从企业方面获取相关信息和建议，并进一步完善。

（2）建立企业“走出去”的纲领性法规和国际化运营的制度。从国内层面来看，政府应加快制定和出台对外投资的整体法案，在法律层面规范海外投资行为和保障企业权益，从而奠定中国对外投资政策的法律基础。法案的实施有利于避免政府部门管理越位，也能防止监管缺位。通过采用法律形式，完善对外投资的法律体系，有助于各职能部门合法合规合理地对企业海外投资活动进行监管，保障对外投资活动有秩序、有效率和有效果地开展。因此，必须保证中国对外投资政策具有深厚的法律基础，才能使相关政策保持一致性、权威性和协调性。从国际层面来看，各个国家对国际投资的限制范围较广，从准入前后的待遇、争端解决、征收条款到各类政策都有涉及，因此中国政府必须制定与之相对应的法律政策，更好地与国际准则接轨。政府需要加大力度审查与评估现有合作协定中约束中国对外投资的规则体系，提前做好应对措施，系统防范和应对投资风险。另外，加快建立与其他国家在投资合作中的规制体系，降低风险的影响程度，使中国企业享有公平更正的投资待遇，从制度上保障企业海外投资的利益。

三、融资保障

（1）构建境内外统一的监测体系，加强对境内外债务性融资总规模和结构的统计监测分析。微观企业的债务并不必然导致系统性金融风险，事实上，适当的杠杆率有利于企业提升其盈利水平。问题的关键在于，在当前国际经济金融环境复杂、国内供给侧结构性改革不断推进等宏观背景下，境外融资限制不断增多、便利化程度不断提升。其中的期限错配、货币错配等结构性问题需要高度关注。

（2）进一步促进企业境内外融资政策环境的协调。境内外融资虽然主要类型一致，但所涉风险不同，监管体系也存在诸多差异，为避免系统性风险，建议综合考虑在对外开放金融市场过程中制定指引，加强宏观调控政策导向，进一步统筹协调境内外融资监管口径，必要时可将产业政策体现在境外融资管理政策中，营造国际化、法治化、便利化的营商环境，促进国际国内生产要素有序自由流动，使企业能够更好地利用两个市场，实现资源高效配置，达到境内境外市场深度融合。降低期限错配和货币错配的比例，加强外债管理和货币、信贷、汇率、财政等多项政策的配合协调，防范潜在偿债风险。

（3）加强对企业融资政策服务的支持。从数据粗略测算情况看，境外融资整体规模仍较小。建议在坚持外债服务实体经济的原则下，引导企业合理选择境内外融资方式，发挥境外融资低成本优势，实现资金优质筹划。一是借助政府部门和媒体等渠道，加强对企业各种融资方式政策和知识培训，使企业及时了解融资政策调整情况，以及国际融资市场理论和实践知识，拓展融资思路。二是引导企业自律组织、银行等为企业“走出去”融资提供专业服务，根据企业的特点，协助其综合评估各种融资方式利弊，并设计个性化增信安排，提升融资效率，有效降低融资成本。

（4）培养企业境外融资能力和增强风险意识。海外金融市场成熟度高，监管制度完善，产品种类繁多，系统性风险难以消除。一方面，企业需要结合财务、信用工具等情况，提高境外债务融资能力，降低海外融资风险。另一方面，企业要积极借鉴境外融资成功案例，利用多个融资渠道和金融工具，配置最优投资组合。鉴于境外融资风险大、影响广，监管部门应与金融机构如中国人民银行、商业银行和国内外投行建立信息传导机制，适时释放风险信号，帮助企业和投资者理性开展投资活动。金融机构可面向企业推出套期保值衍生产品，转移海外投资风险，提升市场预判能力。

四、人才保障

（1）加大小语种教育资源投入。目前的教育体系已经为企业“走出去”提供了大量贸易、英语专业的人才，甚至出现了供给过剩的问题。然而，基于英语为国际通用语言的认识，政府在小语种人才培养方面的重视程度不足，相关教育资源也向主流语种倾斜，导致目前开设小语种专业的高校数量严重不足，主要原因为学校没有开设专业的资格和缺乏师资力量，最终造成英语语种人才供过于求、小语种人才供不应求的局面，人才的不足也对企业“走出去”造成了限制。对此，政府可以设立小语种教育基金，鼓励外语类高校设置更多的小语种专业，同时以更高的薪酬待遇吸引相关教育人才，为企业“走出去”提供更多的小语种人才资源。

（2）与高校合作建立人才智库。由于企业与高校双方之间存在信息不对称的问题，企业找不到所需人才、人才无用武之地的情况时有发生，为加强企业与人才之间的相互协调，降低企业寻找人才的经济成本和时间成本，政府可以与高校合作，建立人才智库，通过多种途径将优秀学生纳入人才智库，使得企业可以根据自身所需，在高校发掘符合要求的人才，提高人才输送效率。

（3）建立人才“走出去”鼓励政策。企业在投资目的国设立分公司，需要从中国输送大量的人才，然而，部分投资目的国的自然环境、经济发展水平、安全水平和生活水平与中国存在一定的差异，这降低了人才“走出去”的积极性，因此，需要出台人才“走出去”的鼓励政策。具体措施包括以下几个方面。一是给予工资补贴，对于薪酬待遇水平较低的人才，根据当地的物价水平，给予直接的工资补贴，提高其生活水平。二是给予交通补贴，对于需要多次往返国内与投资目的国的人才，尤其是那些在国外工作、但有在中国传统节日回家团聚习惯的人才，应适当对其进行交通补贴，降低往返成本。三是实行人才保护政策，部分国家的安全情况不太理想，战乱等情况时有发生，威胁到“走出去”人才的生命和财产安全，因此，不仅需要与相应国家的大使馆保持密切联系，还需要建立人员护送回国的机制，加快对突发情况的响应。

第九章　总结与展望

中国实行对外开放40多年来，对外直接投资经历了短暂且曲折的发展过程。当前，中国经济逐步走向高质量发展，对外直接投资也面临着国内外经济结构调整所产生的不利因素。面对日益复杂的国际环境，中国参与对外直接投资活动既有机遇也有挑战。随着国内政策的不断完善，中国企业对外投资将趋向稳健和健康发展。一方面，对外直接投资产生的效益能反哺国内产业和企业发展，提升投资可行性和可持续性，降低对外投资风险和成本。另一方面，多样化的国际产能合作有助于东道国产业和经济的快速健康发展，整体提升当地人民的生活水平，有效打造中国大国形象，进而增强国际影响力和话语权。

第一节　总　　结

中国为了加快融入经济全球化浪潮，促进本土企业健康成长，2000年党中央提出并实施“走出去”战略，为中国企业对外直接投资制定了宏大的战略发展指南。自该战略实施以来，中国对外直接投资的发展取得巨大的成功，2000年中国对外直接投资占全球流量、存量的比重分别为0.07%、0.35%，到2015年则增长至9.9%、4.4%，对外直接投资流量首次超过外商直接投资，位列全球第二，中国已成为对外资本输出大国。依据 Dunning（1977）的国际投资折中理论，企业必须具备所有权优势、内部化优势或区位优势才能进行跨国投资。中国作为发展中国家，大部分企业的国际竞争优势较弱，但是中国的对外直接投资发展却能高歌猛进，这也是基于发达国家的国际投资理论所难以解释的。在中国对外直接投资的蓬勃发展过程中，国家政策力量的支持起到重要作用（裴长洪和郑文，2011）。改革开放以来，中国政府颁布了一百多项对外直接投资相关政策，逐步建立起全面的对外直接投资政策体系，对中国企业的对外直接投资发挥着重大影响。近年来，中国经济发展增速换挡，进入大转型时期，政府大力鼓励和支持国内企业“走出去”寻求国际合作机会，充分利用好“两个市场、两种资源”，促进了国内经济发展的转型升级。为了更好地支持国内企业“走出去”，习近平同志在2013年先后提出建设“丝绸之路经济带”和“21世纪海上丝绸之路”的倡议，该倡议实施以来，对中国对外直接投资发展产生了极大影响。2018年中国对外直接投资流量达1430.4亿美元，占全球当年流量的14.1%，位列全球第二，中国对外直接投资格局发生着深刻变化。然而，目前中国在对外直接投资的过程中仍遇到了不少的障碍。其中，对外直接投资政策和监管体系的滞后，成了企业“走出去”的绊脚石，诸如繁杂苛刻的审批程序、不完善的海外投资保险制度等。因此，关于对外直接投资政策对中国企业对外直接投资的影响效应颇具争议，亟待厘清企业“走出去”的各种影响机制，尽快完善和优化中国关于鼓励与引导国内企业有序“走出去”的政策体系和战略路径。

国际投资理论发源于西方发达国家，大部分研究都是以发达国家为主要研究对象。以往的国际投资理论认为企业只有拥有足够的比较优势才会进行国际投资。然而，发展中国家的崛起打破了以往国际投资理论的传统范式，一些不具备比较优势的发展中国家企业依然能进入国际投资市场并取得成功，发展中国家在国际投资领域发挥着越来越大的作用。相较于发达国家，中国的对外直接投资起步较晚，不遵循发达国家那种循序渐进的海外发展模式，而是通过多种模式同时进入多个国家进行投资，发展速度快且力度大，甚至对发达国家进行逆向投资。不少学者对此进行了研究，认为国家力量在其中发挥了重要作用，弥补了跨国企业在国际市场上的竞争劣势（裴长洪和郑文，2011）。在此背景下，本书深入剖析中国对外投资政策对企业“走出去”的影响效应和异质性作用，进而完善现有的基于发达国家的国际投资理论框架。

本书可以为促进中国对外直接投资政策调整提供理论和实证依据，也能为企业充分利用对外直接投资政策资源、增强自身国际竞争优势、促进企业对外直接投资良性发展提供参考。国际投资格局正在发生深刻的变化，具有极强的复杂性和不稳定性，改革开放以来，中国政府出台了一百多项对外直接投资专项政策，但是具体的政策实施效果尚待深入分析研判。因此，厘清中国对外直接投资政策的历史演进及现状特性，探讨如何充分发挥政府政策对企业“走出去”的良性效应，能够为将来对外直接投资政策调整提供新的着力点，也能为实施全球投资战略提供精准有效的制度保障。

第二节　展　　望

本书以中国对外直接投资为切入点，研究中国参与全球投资战略的战略路径等内容。通过梳理中国对外直接投资的背景、现状和中国参与全球投资战略的风险和路径选择，深入研究中国对外直接投资政策对中国对外直接投资的影响机制，对推动中国对外直接投资高质量发展和参与全球投资战略提出具有可行性的意见，并提出了一些有意义的研究思路和路径。但是在研究过程中，世界经济发展和投资格局正持续发生新的变化，值得日后进一步关注和研究。

首先，世界各国在政治、经济、环保等领域存在不稳定因素，给中国实施全球投资战略带来了阻力。而“一带一路”建设的推进使中国和沿线国家地区的合作关系更趋紧密，又将给中国参与全球投资创造更多机遇。此外，国内产业转型升级、新旧动能转换的不断加快都将影响中国全球投资战略的选择。因此，今后仍需持续关注国内外环境的变化，结合新情况、新动态继续对中国对外直接投资和全球投资战略选择展开研究，为中国与时俱进地制定对外投资政策提供参考。

其次，现有的文献都集中研究政策对中国对外直接投资存有正向效应。但是，针对负向效应的研究较少，如对企业在海外投资中受到政策影响从而导致收益减少或出现负债等现象鲜有研究。因此，可进一步研究政策对对外直接投资的负向效应，从而为日后政策的制定提供更有力和全面的理论支撑。

最后，本书主要站在宏观角度分析和研究中国实施全球投资战略，并得出一些结论。但碍于篇幅关系只能探讨国家和各省区市的政策对对外直接投资的影响效应，对于地方政策对全球投资战略选择的影响并未展开研究，也未能从微观层面进一步研讨政策与中国对外直接投资之间的影响机理。但是，随着中国参与全球投资治理步伐的加快，该方面研究可作为今后研究的方向之一。

参 考 文 献

毕马威. 2017. 乘长风 破万里浪——毕马威助力中国企业出海，行稳致远[EB/OL]. https://assets.kpmg/content/dam/kpmg/cn/pdf/zh/2017/06/kpmg-china-state-owned-enterprises. pdf[2020-08-04].

卜伟，叶广辉. 2004. 我国对外直接投资政策研究[J]. 国际贸易问题，(8)：57-59, 63.

陈健，陈志. 2019. 发展智能服务业，打造中国经济高质量发展新动能[EB/OL]. http://www.casted. org.cn/channel/newsinfo/7507[2020-08-04].

陈俊聪，黄繁华. 2013. 中国对外直接投资的贸易效应研究[J]. 上海财经大学学报，15(3)：58-65.

陈愉瑜. 2012. 中国对外直接投资的贸易结构效应[J]. 统计研究，29(9)：44-50.

陈钰芬，侯睿婕. 2019. 中国制造业分行业研发资本存量的估算[J]. 科学学研究，37(9)：1570-1580.

德勤. 2018. 德勤2018中国企业海外投资运营指南[EB/OL]. https://www2.deloitte.com/content/dam/Deloitte/cn/Documents/international-business-support/deloitte-cn-ibs-2018-china-outbound-investment-guide-zh-180604.PDF[2020-08-04].

付海燕. 2014. 对外直接投资逆向技术溢出效应研究——基于发展中国家和地区的实证检验[J]. 世界经济研究，(9)：56-61, 67, 88-89.

高树东. 2019. 传统制造业转型发展的五大路径[J]. 清华管理评论，(Z2)：48-52.

龚静. 2014. 母国制度因素对中国省际对外直接投资的影响研究——基于31个省市动态面板模型的实证分析[J]. 产经评论，5(4)：150-160.

郭凌威，卢进勇，郭思文. 2018. 改革开放四十年中国对外直接投资回顾与展望[J]. 亚太经济，(4)：111-121, 152.

郭烨，许陈生. 2016. 双边高层会晤与中国在“一带一路”沿线国家的直接投资[J]. 国际贸易问题，(2)：26-36.

国际能源署. 2017. 国际能源署发布世界能源展望中国特别报告2017[EB/OL]. http://world.xinhua08.com/a/20171208/1739828.shtml[2020-08-04].

国家发展和改革委员会. 2019. 2018年以来我国服务业运行情况[EB/OL]. https://www.ndrc.gov.cn/fgsj/tjsj/cyfz/fwyfz/201904/t20190409_1148422.html[2020-08-04].

国家统计局. 2018. 统计局解读11月服务业运行情况：增长平稳结构优化[EB/OL]. http://www.chinanews.com/cj/2018/12-14/8702366.shtml[2020-08-04].

国土资源部信息中心. 2010. 世界战略资源年评2009—2010[M]. 北京：地质出版社.

韩冰. 2017. BITs与海外投资利益保护——基于中国与“一带一路”国家BITs的分析[J]. 国际经济合作，(8)：31-36.

韩永辉，黄亮雄，王贤彬. 2017. 产业政策推动地方产业结构升级了吗?——基于发展型地方政府的理论解释与实证检验[J]. 经济研究，52(8)：33-48.

韩永辉，李子文，张帆，等. 2019. 中国双向FDI的环境效应[J]. 资源科学，41(11)：2043-2058.

冀相豹. 2014. 中国对外直接投资影响因素分析——基于制度的视角[J]. 国际贸易问题，(9)：98-108.

贾妮莎, 韩永辉, 邹建华. 2014. 中国双向 FDI 的产业结构升级效应: 理论机制与实证检验[J]. 国际贸易问题, (11): 109-120.
贾妮莎, 申晨. 2016. 中国对外直接投资的制造业产业升级效应研究[J]. 国际贸易问题, (8): 143-153.
姜巍. 2017. 中国 OFDI 国内就业的总体效应与产业差异实证[J]. 统计与决策, (23): 149-152.
蒋冠宏, 蒋殿春, 蒋昕桐. 2013. 我国技术研发型外向 FDI 的“生产率效应”——来自工业企业的证据[J]. 管理世界, (9): 44-54.
蒋冠宏. 2015a. 企业异质性和对外直接投资——基于中国企业的检验证据[J]. 金融研究, (12): 81-96.
蒋冠宏. 2015b. 制度差异、文化距离与中国企业对外直接投资风险[J]. 世界经济研究, (8): 37-47, 127-128.
蒋冠宏. 2016. 我国企业对外直接投资的“就业效应”[J]. 统计研究, 33(8): 55-62.
蓝庆新. 2011. 近年来我国资源类企业海外并购问题研究[J]. 国际贸易问题, (8): 154-165.
李锋. 2016. 我国对外直接投资政策研究[J]. 全球化, (10): 88-98, 133.
李锋. 2017. “一带一路”推进过程中的投资规则构建[J]. 经济体制改革, (1): 144-148.
李国洋, 邱阳, 方旖旎等. 2018. 中国高端制造业对“一带一路”沿线投资地理特征与非经济风险分析[J]. 市场周刊(理论研究), (1): 136-137.
李宏兵, 郭界秀, 翟瑞瑞. 2017. 中国企业对外直接投资影响了劳动力市场的就业极化吗?[J]. 财经研究, 43(6): 28-39.
李磊, 白道欢, 冼国明. 2016. 对外直接投资如何影响了母国就业?——基于中国微观企业数据的研究[J]. 经济研究, 51(8): 144-158.
李磊, 包群. 2015. 融资约束制约了中国工业企业的对外直接投资吗?[J]. 财经研究, 41(6): 120-131.
李磊, 冼国明, 包群. 2018. “引进来”是否促进了“走出去”?——外商投资对中国企业对外直接投资的影响[J]. 经济研究, 53(3): 142-156.
李霞. 2015. 中国对外投资的环境风险综述与对策建议[J]. 中国人口·资源与环境, 25(7): 62-67.
李晓. 2015. “一带一路”战略实施中的“印度困局”——中国企业投资印度的困境与对策[J]. 国际经济评论, (5): 19-42, 4.
李予阳. 2019-05-10. 澎湃新功能让中国经济更强劲[N]. 经济日报, (01).
卢进勇, 李小永, 张航. 2019. 中国国际投资发展史研究: 意义、重点和突破点[J]. 国际经济合作, (5): 29-35.
苗绿, 王辉耀, 郑金连. 2017. 科技人才政策助推世界科技强国建设——以国际科技人才引进政策突破为例[J]. 中国科学院院刊, 32(5): 521-529.
宁吉喆. 2019. 发展目标较好实现, 稳中有进态势持续[EB/OL]. http://theory.people.com.cn/n1/2019/0202/c40531-30607099.html[2020-08-04].
裴长洪, 樊瑛. 2010. 中国企业对外直接投资的国家特定优势[J]. 中国工业经济, (7): 45-54.
裴长洪, 郑文. 2011. 国家特定优势: 国际投资理论的补充解释[J]. 经济研究, 46(11): 21-35.
普华永道. 2018. 2017 年中国企业并购市场回顾与 2018 年展望[EB/OL]. https://www.pwccn.com/zh/deals/ma-2017-review-and-2018-outlook.pdf[2020-08-04].
秦江波, 于冬梅, 孙永波. 2011. 中国矿产资源现状与可持续发展研究[J]. 经济研究导刊, (22):

11-12.
茹玉骢. 2004. 技术寻求型对外直接投资及其对母国经济的影响[J]. 经济评论, (2): 109-112, 123.
商务部, 国家统计局, 国家外汇管理局. 2019. 2018 年度中国对外直接投资统计公报[EB/OL]. http://hzs. mofcom.gov.cn/article/date/201512/2015/201223578.shtml[2020-08-04].
商务部. 2019. 商务部: 上半年中国对阿联酋直接投资同比增长近3倍[EB/OL]. http://www.xinhuanet.com/2019-07/25/c_1124799276.htm[2020-08-04].
孙晓谦. 2010. 俄罗斯东部油气基地新采区的开发[J]. 西伯利亚研究, 37(2): 5-9.
孙焱林, 覃飞. 2018. "一带一路"倡议降低了企业对外直接投资风险吗[J]. 国际贸易问题, (8): 66-79.
汤文豪, 陈丽萍, 吴初国, 等. 2019. 中国矿业对外直接投资趋势及机遇分析[J]. 中国矿业, 28(7): 19-25.
田巍, 余淼杰. 2012. 企业生产率和企业"走出去"对外直接投资: 基于企业层面数据的实证研究[J]. 经济学(季刊), 11(2): 383-408.
王辉耀. 2018. 中国企业对外投资塑造新格局[J]. 现代国企研究, (11): 68-71.
阎虹戎, 冼国明, 明秀南. 2018. 对外直接投资是否改善了母公司的员工结构?[J].世界经济研究, (1): 53-66, 135.
杨宏恩, 孟庆强, 王晶, 等. 2016. 双边投资协定对中国对外直接投资的影响: 基于投资协定异质性的视角[J]. 管理世界, (4): 24-36.
杨连星, 刘晓光, 张杰. 2016. 双边政治关系如何影响对外直接投资——基于二元边际和投资成败视角[J]. 中国工业经济, (11): 56-72.
姚枝仲, 李众敏. 2011. 中国对外直接投资的发展趋势与政策展望[J]. 国际经济评论, (2): 127-140, 6.
于汶加, 陈其慎, 张艳飞等. 2015. 世界新格局与中国新矿产资源战略观[J]. 资源科学, 37(5): 860-870.
张海波, 彭新敏. 2013. ODI 对我国的就业效应——基于动态面板数据模型的实证研究[J]. 财贸经济, (2): 101-111.
张华. 2012. 中国对非洲矿业投资现状、问题及对策[J]. 中国国土资源经济, 25(5): 28-30, 55.
张建红, 姜建刚. 2012. 双边政治关系对中国对外直接投资的影响研究[J]. 世界经济与政治, (12): 133-155, 160.
张默含. 2014. 中国对外直接投资: 总体趋势与政策变迁[J]. 经济研究参考, (64): 60-65.
赵云鹏, 叶娇. 2018. 对外直接投资对中国产业结构影响研究[J]. 数量经济技术经济研究, 35(3): 78-95.
中国国际贸易促进委员会. 2019. 中国对哈萨克斯坦投资的结构[EB/OL]. http://www.ccpit.org/Contents/Channel_4261/2019/0726/1191027/content_1191027.htm[2020-08-04].
中商产业研究院. 2019. 新中国成立 70 年服务业取得瞩目成就: 新兴服务业蓬勃发展[EB/OL]. http://www.askci.com/news/chanye/20191006/1107291153415_3.shtml[2020-08-04].
中债资信评估有限责任公司, 中国社会科学院世界经济与政治研究所. 2017. 中国对外直接投资与国家风险报告(2017)——"一带一路": 海外建设新版图[M]. 北京: 社会科学文献出版社.
周铁军, 刘传哲. 2011. 中国采矿业对外直接投资现状及动因分析[J]. 中国煤炭, 37(1): 33-36.

宗芳宇，路江涌，武常岐. 2012. 双边投资协定、制度环境和企业对外直接投资区位选择[J]. 经济研究, 47(5): 71-82, 146.

Anderson J E. 1979. A theoretical foundation for the gravity equation[J]. The American Economic Review, 69(1): 106-116.

Busse M, Hefeker C. 2007. Political risk, institutions and foreign direct investment[J]. European Journal of Political Economy, 23(2): 397-415.

Dunning J H. 1977. Trade, location of economic activity and the MNE: a search for an eclectic approach[M]//The internation allocation of econonic activity. London: Palgrave Macmillan UK: 395-418.

Helpman E, Krugman P R. 1985. Market structure and foreign trade: increasing returns, imperfect competition and the international economy[M]. Cambridge, MA: MIT Press.

Kojima K. 1978. Direct foreign investment: a Japanese model of multinational business operations[M]. London: Croom Helm.

Kolstad I, Wiig A. 2012. What determines Chinese outward FDI?[J]. Journal of World Business, 47(1): 26-34.